APRENDIZ DE EMPRENDEDOR

APRENDIZ DE EMPRENDEDOR

Héctor Morán

HÉCTOR MORÁN

© Héctor Morán
Aprendiz de Emprendedor

ISBN: 9798653225710
Ciudad de México, México.

Editado por iBookeros ®
Primera Edición. Febrero 2019

iBookeros®.

iBookeros

DEDICATORIAS

A mi madre, que gracias a ella es que
No temo caminar por senderos desconocidos.

A ti Oscar, si no fuera por la paciencia que me has
tenido,
Hace tiempo que hubiera renunciado a mis sueños.

ÍNDICE

EPÍLOGO

Recuerdo muy bien lo que sentí cuando terminé mi carrera; era esa felicidad que sientes cuando crees que la etapa más difícil de tu vida había terminado (y no podía estar más equivocado) y que ahora era momento de triunfar.

Estaba ansioso por devorarme al mundo de un solo bocado. Había sido un buen alumno durante toda mi preparación académica y debía tener todo lo que deseaba profesionalmente, ¿por qué no habría de ser así?...

Un año después... apenas pude encontrar mi primer trabajo y del sueldo, ni hablar, solo puedo decir que me permitía no morir de hambre. Me convertí en un hombre de rutina; que se levantaba a las 6am para estar en el trabajo a las 8am; salía a las 5:30 (pero ese horario de salida sólo existía en el contrato que firmé), para después ir al gym, y regresar a casa a las 9:30pm.

Creía que era feliz porque hacía todo lo que *"una persona de bien"* debe hacer. Hasta que un buen día, o mejor dicho, un mal día, mi jefa fue remplazada, en su lugar llegó una persona cuya misión en su vida la dejó clara desde el primer día: hacer miserable a los demás.

No voy a hablar de todo lo que *"la nueva jefa"* era capaz de hacer, sólo voy a mencionar lo que aprendí de ella (ya que tiempo atrás había descubierto que cada persona o situación que se presenta en tu camino siempre te dejará algo), y fue que no quería envejecer y convertirme en su clon. Así que renuncié, y la felicidad de ser libre se sintió mucho mejor que haber terminado una carrera universitaria.

Y fue precisamente allí, cuando realmente comenzó mi vida. Y no porque antes no hubiera vivido (podría decir que todo lo contrario), sino porque la etapa de ser freelance y luego ser emprendedor, me enseñó que la vida no sólo se trata de tener sueños y un trabajo que te dé para vivir, también se trata de luchar y ser derrotado; de volver a luchar y ser victorioso. De aprender y seguir aprendiendo; de descubrir tu pasión y ser feliz a través de ella.

Pero la vida también se trata de disfrutar. De ser feliz. Una vez leí un artículo sobre el 1% de la población, de ese grupo multimillonarios que tienen el 82% de la riqueza de todo el mundo. Y me dije firmemente que quería ser uno de ellos.

Me puse a leer todos los libros sobre cómo hacerte millonario que te puedas imaginar, y llegué a la conclusión de que la única forma de cumplir mi objetivo era convirtiéndome en empresario. Con esa idea en mente, comencé mi camino del emprendimiento hace 7 años.

Durante esa travesía descubrí lo que realmente quería ser: un emprendedor digital.

Y hoy puedo decir que...

Estoy convencido que él éxito está al alcance de cualquier persona, que no necesitas ser especial, o ser un superhéroe. Lo único que necesitas es estar dispuesto a arriesgarte un poco más que los demás, a ver una salida donde otros ven sólo una pared impenetrable, a ser creativo cuando estés nadando en contra de la corriente, y que tal vez, sólo tal vez la receta mágica del éxito se compone por una pizca de inteligencia, una cucharadita de pasión y muchos huevos.

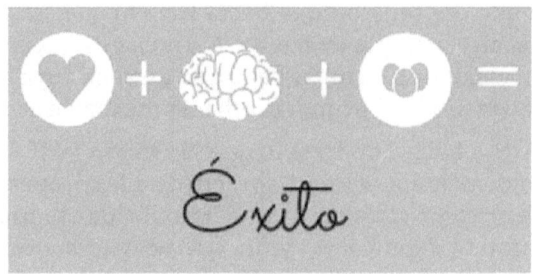

INTRODUCCIÓN

¡Bienvenido!

Este libro está dirigido a todos aquell@s valientes que quieren convertirse en emprendedores. Y entre sus páginas encontrarás temas como motivación, la pasión y los obstáculos que te impiden llegar al éxito.

También hablaremos de las principales estrategias para consolidar un negocio más rentable, que abarcan desde cómo elegir el lugar indicado para abrir un negocio hasta los principales requerimientos legales que necesitas conocer. Asimismo, mencionaré algunos casos prácticos de los empresarios más importantes del mundo. La idea de escribir este libro, es proporcionarte información que te genere mucho valor, a ti y a tu PYME, sin importar el tamaño de esta; ya que es obligación de todos los que somos propietarios de algún negocio estar a la vanguardia en cuanto a las tendencias tecnológicas y económicas a fin de estar cerca del éxito en todo momento, porque de lo contrario, sólo estaremos más cerca del fracaso.

Y si bien, el presente libro es información muy valiosa (y que muy pocos aplican), no quiere decir que por sí sólo traerá magia a tu vida. No basta con leer hasta última página y haber comprendido cada una de ellas al 100%. Lo que necesitas para tener éxito es un verdadero compromiso contigo mismo; pero un compromiso que sea tan fuerte en tu cerebro que sea capaz de producir acciones, no sólo pensamientos.

Los compromisos más importantes para el cerebro son aquellos que se hacen por escrito, así que toma una hoja de papel y escribe el éxito o los éxitos que deseas alcanzar, en cuanto a tu negocio se refiere, si deseas vender más, anótalo, si deseas que tu negocio crezca más, también anótalo; todo lo que venga tu mente escríbelo en esa hoja con tu puño y letra. Después de que los hayas enlistado todos los puntos pega al lado una fotografía de la o las personas que estarían más orgullosas de ti si lograras alcanzar esos puntos que escribiste, y que ahora se llaman metas.

Finalmente, pon la hoja y la fotografía en lugar visible, en un lugar donde la puedas ver todos los días y recordar lo que significa.

Esto creará un verdadero compromiso en ti, primero porque la escritura, como te lo comento, tiene un poder imponente sobre el cerebro y, segundo, porque viene acompañado de una imagen, y no de cualquier imagen, sino de aquellas personas que son tu motivación y que seguramente son las que más amas en la vida.

Esta clase de ejercicios, son simples, pero son muy poderosos para la mente, y allí es donde se encuentra el éxito. El éxito no viene de afuera; no viene de las cosas materiales que seas capaz de adquirir; no viene de los logros que seas capaz de presumir. El éxito nace en tu interior, en tu cerebro para ser más preciso, el éxito se germina con la preparación, con la experiencia, con la disciplina y con el conocimiento; pero también con la pasión, con la generosidad y con el amor, porque el amor se encuentra en el cerebro, no en el corazón, y es por eso que todo nace dentro de ti. Si estás preparado para tener éxito, tendrás éxito. El cerebro preparado para triunfar no pude fracasar.

En los siguientes 9 capítulos encontrarás conocimiento que te preparará para el éxito, pero sólo dependerá de ti aplicarlo y hacer tus metas una realidad.

PRIMERA PARTE

Antes de que Fracases

CAPÍTULO 1

Quiero Ser Emprendedor

"Emprender es la capacidad y actitud de percibir, interpretar y crear. El fracaso es no tener la capacidad de llevar todo lo anterior a la realidad"

¿Con que quieres ser emprendedor? Primeramente, te felicito. No cualquiera se atreve a soñar tan grande. Ahora te pregunto, ¿realmente sabes lo que significa ser emprendedor?

Ser emprendedor es olvidarte de un sueldo fijo.

Ser emprendedor es trabajar igual o más horas que cualquier empleado promedio.

Ser emprendedor es aprender a trabajar inteligentemente, es decir, lo que verdaderamente importa son los resultados que generes.

Ser emprendedor es olvidarte de los lujos por un buen tiempo.

Ser emprendedor es estar dispuesto a invertir en tu educación.

Ser emprendedor es estar dispuesto a invertir dinero.

Ser emprendedor es ser paciente porque los resultados no suelen ser tan rápidos como vas a querer.

Ser emprendedor es aprender a ser realista, y descubrir que no te harás millonario mágicamente.

Ser emprendedor es fracasar repetidamente antes de descubrir lo que funciona.

Ser emprendedor es ser innovador.

Ser emprendedor es tener disciplina.

Ser emprendedor es encontrar tu pasión.

Ser emprendedor es estar dispuesto a arriesgar.

Ser emprendedor es sacrificar tu vida social.

Ser emprendedor es verte en apuros porque no te alcanza para pagar las cuentas.

Ser emprendedor es pedir dinero prestado a los familiares y amigos que creen en tu sueño.

Ser emprendedor es necesitar un abrazo de vez en cuando.

Ser emprendedor es sufrir por conseguir clientes.

Ser emprendedor es soportar los reclamos de clientes insatisfechos y saber resolverlos.

Ser emprendedor es sonreís cuando la gente te diga que estás haciendo las cosas bien.

Ser emprendedor es buscar un buen mentor.

Ser emprendedor es de las mejores cosas que puedes hacer en tu vida.

Si después de leer lo anterior todavía quieres ser emprendedor, entonces este libro es para ti. Porque emprender no es una lámpara mágica que te hará feliz, ni millonario, ni famoso.

El fracaso es real

El fracaso es real (vale la pena repetirlo). Si eres estudiante y repruebas un examen tendrás menos posibilidad de pasar el semestre. Si un atleta olímpico no califica dentro de los 3 mejores del mundo, su trabajo y disciplina intensa de 4 años no habrá valido la pena. El fracaso es real porque deja consecuencias, pero también es real porque se siente. El fracaso es una emoción, y las emociones se encuentran reguladas por nuestro sistema límbico. Y es por eso que si algo nos sale mal, nos sentimos desanimados, depresivos, tristes, cabizbajos y toda esa cadena de síntomas negativos que provoca el fracasar.

Y al emprender, tarde o temprano te vas a resbalar en el fracaso. Eso es indudable, la cuestión es si tendrás lo que se necesita para pararte y seguir. Yo arruiné 3 negocios antes de que uno me empezara a dejar dinero, y si lees la biografía de los empresarios más grande y exitosos del mundo, te vas a sorprender al ver que la mayoría de ellos fracasó mil veces antes de conocer al fracaso.

Las personas cuentan las historias de éxito porque son más bonitas, y te platican que Jeff Bezos gana más de 200 millones de dólares por día, o que hay youtubers que ganan más de 20 millones de dólares al año. Lo que no te platican es que muchos empiezan desde abajo, y para sentarse en el trono del éxito, tuvieron que fracasar varias veces.

En el emprendimiento no hay cuentos de hadas, pero sí hay finales felices. Y si quieres tener un final feliz, debes estar consciente que el fracaso tocará tu puerta y que sólo con la disciplina, con el trabajo inteligente y con tu capacidad de reinvención podrás salir de esa situación.

Usa más el Izquierdo

La escritura, el habla, la lógica, las matemáticas, y todas esas cosas que de pronto nos parecen *"especializadas"* dependen del hemisferio izquierdo del cerebro. Allí también se encuentra el pensamiento crítico, y tienes que usarlo muy a menudo ahora que decidiste emprender.

El pensamiento crítico de tiene dos manifestaciones: analizar y evaluar, y son 2 factores claves para que el fracaso no sea tan grave, o si ya fracasaste, para que puedas salir del bache más rápido. El pensamiento crítico evitará que te lances a la aventura del emprendimiento sin tener objetivos claros, sin detenerse a examinar la situación, sin conocer los pros y los contras, etc., etc. Todo mundo cuando emprendemos, creemos que tenemos el mejor producto, o un servicio revolucionario, creemos que tenemos las mejores ideas, que todo será fácil y no habrá ninguna consecuencia negativa. ¿Y qué crees? Una buena idea solo es buena cuando da resultados, el mejor producto es el mejor producto cuando tiene ventas, por lo que siempre usar el lado izquierdo del cerebro es esencial.

Si eres un emprendedor impulsivo, y todas sus decisiones las tomas llevado por la emoción, estarás creando tu fracaso desde el principio.

Imaginemos que va un excelente repostero caminando por la calle; él ya quiere dejar su trabajo e independizarse porque todo mundo le dice que hace los mejores pastelillos del mundo, sigue caminado y ve un lindo local en arrendamiento, mira a su alrededor y por esa calle van varias personas transitando. Y entonces cree tener una buena idea. El fracaso ciega la razón del emprendedor para que firme un contrato de arrendamiento por el local que le gustó y que empiece a vender sus productos. El emprendedor repostero compra repisas, refrigeradores, estantes, utensilios y electrónicos de cocina con sus ahorros. Como el emprendedor va a cocinar sus pastelillos con su receta secreta, contrata a una chica que le ayude con las ventas de mostrador. Todo marcha bien hasta que después de unas semanas, se da cuenta de que las ventas no son lo suficientemente buenas para pagar el salario semanal de la chica. El fracaso entonces, le dice: necesitas publicidad. Así que el emprendedor hace un cartel donde promociona sus pastelillos y lo pega afuera de su local. Las ventas siguen muy malas y tiene que pagar la renta del local, el salario de la vendedora de mostrador, los gastos corrientes del local (agua, luz, gas, etc.), y a sus proveedores; su vida se ha complicado mucho. El fracaso ríe cuando el emprendedor se ve obligado a cerrar su negocio.

Está bien que seas una persona sentimental, pero toma tu emprendimiento en serio y no lo veas con los ojos del corazón, sino con los ojos de la razón. Para el "corazón" (que en realidad es el hemisferio derecho del cerebro" todo en el mundo se basa en sentimientos, y a veces, puede cegarte y alejarte de la realidad. En el ejemplo anterior, el emprendedor repostero vio que la calle donde abrió su lugar era algo transitada, y creyó que por eso era una excelente ubicación y tendría muchos clientes que amarían sus pastelillos, pero si tan sólo se hubiera detenido a estudiar el tránsito de la calle; la hora del día en que está más transitada, qué otros comercios había alrededor de esa zona; etc., etc. No hubiera fracasado desde el principio, todo por no llevar a un juicio crítico sus emociones.

Tuve un maestro en la universidad que solía decir *"al mundo no le sirve de nada jugar a ser pequeño"*. Tú como emprendedor debes aprender a ver el mundo real, no como te gustaría que fuera. Debes desprenderte de tu visión tradicional del mundo si lo que deseas es ser una persona exitosa y con libertad económica, y es allí donde entra tu pensamiento crítico.

¿Cómo Fomentar el Pensamiento Crítico?

Tener un pensamiento crítico implica poseer los siguientes rasgos:

1.- Capacidad de Reflexión

Esta capacidad la tenemos todos los seres humanos. Todas las especies del mundo animal fueron dotadas por la naturaleza con características únicas y especiales; por ejemplo, las jirafas pueden comer ramas con espinas y estas no le causan ningún daño a su sistema digestivo; también los huevecillos de las ranas pueden acelerar su proceso de incubación si detectan que hay un depredador cercano, esta aceleración hace que se conviertan en pequeños renacuajos rápidamente y entren al agua para ponerse a salvo; y esta es la razón por la que las ranas ponen sus huevos cerca de estanques, lagunas o cualquier espacio con acumulación de agua. Los seres humanos, tenemos otro tipo de habilidad especial y esta es la capacidad de reflexión.

Cuando entra información por tus ojos, por tus oídos, por tu tacto, por tu olfato o por tu gusto, enseguida pasa a tu cerebro y la comienza procesar; este proceso llamado reflexión, determina que implicación tiene dicha información con la realidad, es decir, si te va a aportar algo de valor o no, y allí es donde entra nuevamente el cerebro racional de los seres humanos, tú debes aprender a diferenciar entre aquello que te nutre y aquello que sólo es basura o falsedad.

La mayoría de las cosas que están en nuestra vida, las damos por hecho, y no nos ponemos a reflexionar de dónde vienen o por qué están ocurriendo esas circunstancias; si lo que quieres es empezar a salir de esa realidad de fracaso, tienes que empezar a cuestionar y reflexionar acerca del mundo en el que te rodea. Poner en una balanza las enseñanzas y creencias que forman tu realidad actual y sólo tomar aquellas que te están causando felicidad; mientras que todas las cosas que te causan angustia, inconformidad o temor, se tienen que desechar y buscar nuevos horizontes.

2.- Flexibilidad

El pensamiento crítico consiste en siempre dudar de todo. Tienes que dudar de toda la información que llegue a ti; si tu madre es la 3ª generación de doctores en la familia, tú no tienes que seguir con esa tradición, sino lo deseas. Debes tener consciencia de que pueden existir diversas alternativas, soluciones y opiniones a un mismo tema y que tú no tienes la verdad absoluta. Debes de tener curiosidad y duda, sin embargo, la duda debe ajustarse a lo razonable, recuerda que tu tarea es aprender a ver al mundo real, no contradecir todo lo que existe.

La flexibilidad es un pilar fundamental para salir de la realidad del fracaso, si tú no estás dispuesto a pagar el precio que se requiere para ser exitoso, simplemente nunca lo serás. Y ese precio es la reestructuración de tu cerebro, cambiar las palabras negativas como "no puedo" por palabras positivas como "todo es fácil para mí"; debes de dejar de ver el vaso medio vacío y estar dispuesto a ver el vaso medio lleno; y si no lo puedes ver así, tendrás que echarle más agua.

La tarea no será nada sencilla, todos tenemos un chip en el cerebro que ha sido programado desde niño y para aprender a ver el mundo desde otra realidad, tendrás que liberarte de tabúes, prejuicios y controlar tus emociones. La buena noticia como te lo mencioné, es que el chip cerebral es reprogramable en cualquier momento. Utiliza las herramientas que tiene el mundo a tu favor en vez de luchar en contra de ellas.

Empieza a trabajar inteligentemente

Los mediocres piensan que trabajar arduamente te hará ganar mucho dinero, y si eso fuera cierto los trabajadores de la construcción serían millonarios. No obstante, la mayoría de los emprendedores inician con esa idea en su mente. La sociedad le enseñó a nuestro cerebro que tienes que trabajar mucho para *"ser alguien en la vida"*, y entonces creemos que si estamos saturados de trabajo estamos haciendo las cosas bien; creemos que si en un día tenemos mil pendientes, lo estamos haciendo bien. Lo que no te dicen es que si vivimos de esa forma tan presionada, no tardará mucho en que aparezca el fracaso, porque *"el que mucho abarca poco aprieta"* y pronto te darás cuenta que todo tu esfuerzo no está dando resultados positivos. El dinero se hace por medio de la inteligencia no del trabajo duro, y esa es la segunda lección que debes aprender como emprendedor.

Cambia todo eso por: <u>TRABAJAR CON INTELIGENCIA</u>

Trabajar inteligentemente no significa trabajar menos, sino hacerlo de forma productiva y eficiente. El trabajo inteligente necesita la combinación de tu pensamiento crítico (del que ya hablamos), buenos hábitos y disciplina.

Ser un emprendedor que trabaja con inteligencia es:

- **Hacer un itinerario, y apegarte a él.**

- **Tener metas y cumplirlas.**

- **Tener procesos para el desarrollo de actividades y habilidades.**

- **Prepararte constantemente.**

- **Pedir ayuda de algún experto.**

Conozco a varios emprendedores que empiezan sin tener una idea detallada de lo que quieren y mucho menos de la forma en que su idea va a operar y desarrollarse, y ya te imaginarás cómo terminan esas historias.

Tú, como emprendedor, debes tener un plan de negocios, no importa que no sea profesional, pero sí es importante que lo tengas. Un plan de negocios es tu brújula que te llevará por el camino correcto. El cerebro necesita una guía para saber a dónde va, de lo contrario, será muy fácil que se pierda en el camino o que se desmotive para seguir.

Construye Tu Plan de Negocios Perfecto

El plan de negocios perfecto no es aquel que lo tiene todo, es aquel que se ajusta de manera perfecta a tus metas profesionales. No debe quedar ni una sola idea fuera de tu plan, debe ser lo más detallado posible y sobre todo, REAL.

¿Por qué es importante tener un plan real? Porque la realidad es que tu negocio va a tomar su tiempo antes de que comience a crecer; la realidad es que tendrás que trabajar con mucha inteligencia y perseverancia; la realidad es que vas a necesitar una guía que te motive a seguir, y es por eso, que el plan de negocios real es muy importante, no para ti, para tu cerebro, para que lo acostumbres a salir de su zona de confort y lo reprogrames hacia el camino del éxito.

Lo mínimo que debe contener tu plan de negocios es lo siguiente:

1.- Definir las Actividades de tu Negocio.

Lo primero a determinar es saber cómo vas a darles felicidad a tus clientes. Pregúntate ¿qué hace mi negocio? ¿Qué propuestas de valor tiene? ¿Qué mal voy a curar? ¿Qué necesidad voy a satisfacer?

Procura que las respuestas sean lo más detalladas posibles. A la hora de elegir qué vender, tienes que estar seguro que sea algo que te guste hacer, pero sobre todo, que sea un gusto duradero, no una moda o un éxito que intentas copiar.

2.- Define el Estado Actual de tu Negocio.

Para poder partir es necesario saber dónde estás. Recuerda lo que hablamos del mundo real, si estás empezando en el mundo del emprendimiento y no tienes nada, así escríbelo en tu plan. También es importante que definas cuáles son tus talentos especiales y los cuales son de suma importancia para tu PYME.

Esto te ayudará a determinar qué habilidades, conocimientos o actividades te hacen falta.

3.- Define el Mercado Externo.

Haz benchmarking e investiga a tu competencia, cómo lo hacen, qué les falta, cómo podrían mejorar. Visita su negocio, compra algo y pregúntate qué piensas tú como cliente, si quedaste satisfecho con el servicio, etc. Busca también el nivel de posicionamiento que tienen en el mercado y cómo lo han logrado. No se tratará de copiar, sino de aprender y mejorar. El éxito tiene a sus consentidos, y sus consentidos son aquellos que tienen innovación y capacidad de acción, por lo que intentar copiar un éxito no te garantiza el éxito.

4.- Define Objetivos Claros y Alcanzables.

Todo lo que deseas lograr debe estar perfectamente descrito en tu plan; nunca pongas metas mediocres, tú tienes la capacidad de rebasar cualquier objetivo que te propongas, pero insisto, deben estar fundamentadas por la realidad, es decir, si vas empezando son tu PYME, será complicado que factures 10 millones de dólares el primer año. Tu plan debe de tener objetivos primarios y secundarios; los primarios son los fines últimos, es decir, aquello que deseas obtener a través de tu negocio; mientras que los secundarios son todos esos objetivos a corto y mediano plazo que te ayudarán a alcanzar tus objetivos primarios. El primer mes es vital para hacer las correcciones pertinentes a tu plan, porque verás que lo que escribes suele ser algo o muy diferente a la realidad práctica, por lo que tus objetivos secundarios deben estarse modificando en el camino para que puedas lograr tu objetivo general.

Lo que no se te debe olvidar es agendar tiempos; con los días y horas exactos. Una meta debe ser medible, si no, sólo es un sueño.

 Recuerda que las metas son a corto, mediano y largo plazo, pero también son flexibles, es decir, las puedes modificar en cualquier momento si no te están dando resultados favorables.

5.- Crea Estrategias para Lograr los Objetivos.

Tú manera de actuar, implementar recursos y evaluar resultados deben estar incluidas. Y este es el punto medular de tu plan de negocios; el 70% de los negocios que fracasan es porque tienen una mala estrategia o una mala ejecución, y más adelante hablaremos de este tema.

6.- Identifica Riesgos y Oportunidades.

Todo lo conocerás mejor una vez que te lances a la aventura de tener un negocio, los negocios son como las bicicletas porque no puedes aprender a andar sobre ella sólo con leer un libro, tienes que subirte y acerté un par de veces antes de aprender a andar sobre ella, sin embargo, predecir cuáles riesgos y oportunidades tendrá tu negocio es imperativo. Los riesgos más comunes de los emprendedores son los que tienen que ver con el dinero, he visto mucha gente que dice "*tengo mil dólares, y quiero invertir en un negocio*", el éxito no depende del dinero, depende del conocimiento en gran medida, así que es muy importante que traces una ruta para disminuir cualquier riesgo. Asesorarte de un experto antes de tomar cualquier decisión siempre será lo más recomendable.

En cuanto a las oportunidades, son muchísimas las que puedes aprovechar hoy en día, por ejemplo, ahora tenemos una herramienta muy poderosa que se llama comercio electrónico, y según los expertos, seguirá creciendo desmedidamente en los próximos años, así que no estaría mal que tu negocio fuera amigable con estas nuevas formas de hacer negocios.

7.- Tiene Rutas de Trabajo.

En pocas palabras, cómo lo harás, cuándo y para qué o por qué. Tú ruta de trabajo debe ser lo más nítida posible pero lo más importante es que tu cerebro debe tener la disciplina para respetar las actividades planteadas en tu plan. El cerebro funciona mejor a los retos cuando los tiene por escrito porque es una formalidad que se ha hecho desde el inicio de las "*civilizaciones civilizadas*". Cuando los emperadores de la antigua Roma tenían un nuevo edicto que pronunciar al pueblo, la hacían por escrito; la biblia que es el texto de conducta más importante en la religión católica, fue el primer libro que se imprimió y todos conocemos lo que provocó ese escrito impreso. Los contratos escritos también se originaron en la antigua Roma hace más de 2000 años. La escritura es poderosa en nuestro cerebro y hace que te comprometas de forma más seria y responsable.

Si escribes tu plan, o lo imprimes en papel, tendrás más posibilidad de seguir al pie de la letra lo estipulado y que tu cerebro se vaya adecuando a esa disciplina.

8.- Proyecta Costos e Ingresos.

Tu plan también necesita que le hables de dinero. Imagina que tu negocio es un coche y saber cuánto gastas y en qué, son los neumáticos, pero determinar cómo vas a conseguir ingresos, es la gasolina. Si no tiene gasolina, tu coche no arranca, aunque sea al más bonito o los neumáticos sean los de mejor calidad en el mercado.

Lo importante en esta sección es que tengas estrategias para vender y generar ingresos, pero también que tengas contemplados todos los procesos y las acciones secundarias que tienen un costo para ti, es decir, los gastos de proceso son cuánto te cuesta hacer un producto (incluyendo materia prima y mano de obra) más los gastos de almacenamiento. Y a eso le sumas las acciones secundarias como la distribución o la publicidad. El resultado se lo restas a la cantidad total de ventas, y el último resultado será tu ganancia.

Obviamente este es un ejemplo genérico, ya que las finanzas de la empresa se tienen que tratar de manera más precisa, pero el punto es que tú debes de tener todos esos aspectos bien definidos y esclarecidos dentro de tu plan.

9.- Acción.

Todo lo anterior no sirve de nada si tú no empiezas a actuar lo más pronto posible. Actúa con duda, actúa con miedo, actúa con el mundo en contra tuya, pero actúa lo más pronto posible. El cerebro siempre va a querer estar en su zona de confort porque allí es donde vive el fracaso.

Lo único que te llevará al éxito es salir a buscarlo. No debes esperar a que todo sea perfecto, porque como te lo comenté con anterioridad, cuando salgas al mercado te verás forzado a cambiar eso que tú creías *"perfecto"*.

No temas equivocarte y recuerda que ser flexible es parte crucial para salir de la realidad del fracaso; si tu idea después de un tiempo no marcha bien, debes replantearte todo el proceso y adecuarla. El punto es que tu cerebro necesita saber que el ya no tiene el control, y que ahora tú estás construyendo una nueva realidad.

¿La Suerte lo es todo?

Aladino encontró una lámpara mágica, al frotarla, de ella emanó un genio que le concedió 3 deseos. Es una bonita historia que todos conocemos, pero eso jamás te va a pasar; tú eres el único que tiene el poder de cambiar tu vida. Tú eres Aladino, la lámpara mágica y el genio.

La mayoría de las personas están esperando a que llegue alguien especial o que les pase algo extraordinario que les cambie la vida; y se mienten así mismos: tú tienes mucha suerte mejor juega a la lotería para que te hagas millonario; tú tienes mucha suerte y en el negocio que emprendas te irá bien, etc. Pero la realidad es que la suerte no lo es todo, ¿y sabes por qué? Porque tú eres quien hace tu propia suerte. Y para ser el creador de tu suerte tienes que actuar; recuerda que <u>la suerte es cuando la preparación y la oportunidad convergen.</u>

La suerte no viene del exterior, está dentro de tu cabeza y se llama inteligencia creativa (preparación). Y materializar esa inteligencia creativa en el momento correcto (oportunidad) es lo que el mundo llama suerte.

Suerte = Actuar... Actuar... Actuar

Visualizando y Actuando

Recuerdo muy bien el día que leí esto en algún lugar *"basta con que desees algo con todas tus fuerzas para que el universo te lo cumpla"*, y al día siguiente me senté en tranquilidad y silencio para visualizar lo que más deseaba. El día siguiente hice lo mismo, y el día siguiente; después de unas semanas me pregunté cuánto tiempo tarda en responder el universo, pero aun así seguí visualizando. Después de unos meses ¡¿qué crees que pasó?!

Así es, no pasó NADA, y aunque yo soy fiel creyente de las leyes del universo, te digo que nada pasará en tu vida si tú no actúas. Ni Jesús siendo el hijo el Dios podía hacer sus milagros sin que él actuara; él sabía que la acción era la manera en que el gran poder del universo se manifiesta. Toda creación se origina en la mente (visualización) pero la única forma de manifestarla en este plano físico es a través de *"haciendo que las cosas se vuelvan reales"*.

Tú debes de soñar en grande, pero también tener las agallas para hacer que esos sueños se hagan realidad. ¡Sal a buscar esa gran oportunidad!

Este libro y cualquier otro para emprendedores, te será inútil mientras tú no decidas actuar. Haz algo cada día que te acerque más a tus metas y diseña tu suerte cada día.

En materia legal, la acción y la omisión están consideradas como delito; y lo mismo ocurre con la vida, hacer algo o no hacerlo tienen los mismos efectos porque ambas traerán una consecuencia a tu vida, y de ti depende que esas consecuencias sean buenas o malas.

Empieza ya mismo a hacer todo lo que tienes planeado para ti, sólo la acción te traerá el verdadero aprendizaje y mientras más rápido inicies más rápido podrás corregir el camino.

Y recuerda, tú eres el creador de la magia y la suerte...

No esperes a que llegue esa *"buena oportunidad"* (esa que dice la leyenda que sólo te pasa una vez en toda la vida) porque si eres tan ingenuo te vas a morir esperando a que esa "mágica oportunidad" llegue. La magia ocurre cada día cuando abres los ojos y te puedes levantar por tu propio pie, y tú sabrás qué haces con ella. Sustituye en tu mente consciente el esperar por el actuar. Tú tienes el poder.

Espero ya tengas claro que...

Emprender es realmente una vocación

Veamos otro ejemplo:

El empleado promedio se levanta temprano, viaja en transporte público, llega al trabajo, convive con sus compañeros, tolera al jefe; tiene una hora de comida, sale del trabajo por la noche y llega muy cansado a su casa. Al otro día repite su rutina y al otro, y al otro. Así que el empleado promedio, un buen día, y ya cansado del ritmo de su vida, se encuentra a un viejo amigo de la escuela y después de intercambiar algunas palabras, el empleado promedio se entera que su amigo tiene un buen estilo de vida porque tiene su propio negocio de materiales para la construcción. Él queda deslumbrado por lo que le cuenta su amigo y le pide ayuda para que lo contacte con sus proveedores y para que lo guíe un poco. Su amigo acepta, y el empleado promedio ahora es emprendedor. No pasa mucho antes de que el emprendedor regresara a ser un empleado promedio.

La cruda realidad es muy parecida al ejemplo anterior, y

es que no cualquiera puede emprender; es un largo camino y no basta con tener las ganas. Hay que tener vocación de emprendedor. Así como los doctores o los abogados tienen nacieron con vocación, los emprendedores también la necesitan si quieren vivir de ello. La vocación del emprendedor tiene los siguientes ingredientes: pasión, una sólida motivación y hacer lo que te hace feliz. Si uno de esos ingredientes falta, te terminarás aburriendo rápidamente o los obstáculos del camino te parecerán insuperables que querrás regresar a una vida "*segura*".

Encuentra tu Pasión

Sin duda, lo que hará más fácil tu camino por el emprendimiento, es descubrir cuál es tu pasión.

Si buscamos la definición de pasión en cualquier diccionario encontramos que es un sentimiento vehemente, capaz de perturbar tu mente y dominar tu razón.

Ser un emprendedor sin pasión es como ser un barco perdido en altamar, que se mueve a la voluntad del océano (en este caso el océano son los deseos de los demás). Sentir pasión por lo que haces es tan importante como hacerlo con amor, y ningún emprendedor puede prescindir de ella.

10 Preguntas para Descubrir tu Pasión

El primer paso entonces, es descubrir aquella actividad capaz de perturbar tu mente y causarte insomnio. Y para ello puedes contestar las siguientes preguntas:

1.- ¿Soy feliz con rumbo actual de mi vida?

(Yo la verdad no lo era. Me visualicé en el futuro y no me gustó lo que vi; quería algo más que un trabajo estable del que sólo obtenía estrés corriendo por mis venas todos los días)

2.- Con forme a lo que hago actualmente, ¿podría hacerlo de manera gratuita?

(Por supuesto que mi respuesta fue no. Ganaba bien pero nunca lo hubiera hecho gratis)

3.- ¿Qué actividad realizo sin que me dé cuenta del tiempo?

(Mi primer libro fue una novela corta de poco más de 80 mil palabras. La terminé en 5 semanas, trabajando en ella de lunes a jueves)

4.- ¿Qué cosas realizas con mucha facilidad?

Tengo la dicha de poder decir que encontré mi misión en la vida; y con ello sé que soy bueno para escribir, diseñar, inventar, crear, enseñar y compartir. Y tú, ¿en qué eres el mejor?

5.- ¿Cuándo fue la última vez que hiciste algo que te causó satisfacción emocional?

(Contesta pensando laboralmente)

6.- Si pudieras cambiar una cosa del mundo (no eliminar), ¿cuál sería?

(No contestes esto fingiendo ser Miss Universo)

7.- ¿Qué soñabas de niño?

(Cuando era niño, mi distracción favorita era crear figuras con plastilina e inventaba mis personajes y sus historias; hoy hago lo mismo, pero en papel)

8.- ¿Por qué cosas quieres que te recuerden?

(Te voy a decir uno de mis mantras personales favoritos: *"cuando naciste, el mundo se lloró y se llenó de gozo. Vive tu vida de tal manera que, cuando mueras, el mundo lloré y tú te llenes de gozo"*)

9.- Si pudieras elegir cualquier mentor que te revelara todos sus secretos y te condujera al éxito (vivo o muerto), ¿quién sería?

(Puedes platicarme quien escribiéndome a mis redes sociales; me encuentras como @_hectormoran)

10.- ¿Cuál es tu definición de éxito?

Al contestar las preguntas anteriores, tendrás una idea de dónde estás parado y sabrás si es necesario cambiar de rumbo o continuar haciendo lo mismo. La pasión te llevará a encontrar tu verdadera realidad, eso a lo que siempre estuviste destinado. No importa si es grande o pequeña, tu pasión te dará verdadera felicidad.

La pasión también está en las cosas que menos pensamos:

1.- Bibani.

¡Renace, despierta, vive! Eso significa bibani en zapoteco. Valorar cada detalle que te brinda la vida es el comienzo; poder abrir los ojos por la mañana ya es una gran bendición; tener la fuerza para levantarte de la cama es otra; tomar una ducha es otra; la vida está llena de pequeños placeres que muy pocos ven y agradecen.

2.- No permitas que las cosas malas te impidan ver las buenas.

Todos hemos tenido días que desearíamos borrar de nuestra mente, pero si sólo te enfocas en lo negativo, no lograrás avanzar. Ve las cosas malas como una experiencia y referencia.

Facebook y twitter creyeron que Brian Acton no poseía el talento necesario que ellos buscaban y ninguna da las 2 empresas lo quiso contratar. Pero eso no impidió que siguiera creyendo en él, y terminó por crear WhatsApp.

A veces las cosas malas vendrán de agentes externos a ti, pero pueden ayudarte a reforzar tu pasión.

3.- Sonreír.

No se trata de caminar por la calle con una sonrisa falsa de oreja a oreja, sino, de mirarte al espejo por las mañanas y sonreírte a ti mismo. Nuestro cerebro asocia la felicidad con las sonrisas, y al verte a ti mismo riendo frente al espejo, automáticamente te sentirás feliz. Las cosas malas del pasado, tarde o temprano se convierten en una anécdota graciosa, así que de ti depende que sea lo más rápido posible y darles una gran sonrisa.

Ventajas Científicamente Comprobadas de la Risa:

Reír es saludable, en cuanto lo haces, tu cerebro envía impulsos eléctricos por todo el cuerpo, llenándolo de energía. Reír alivia el dolor ya que libera endorfinas que son el analgésico natural que produce el cuerpo y nos hace sentir mejor. La risa está localizada en la zona prefrontal del cerebro, y allí es dónde reside la creatividad; si ríes á mucho, serás más creativo.

Ver películas y programas de comedia de vez en cuando te ayudará más que los medicamentos; ya que las carcajadas disminuyen el insomnio, previenen infartos porque los espasmos fortalecen tu corazón y pulmones; rejuvenece y reduce la presión arterial, mejora la respiración, etc. La felicidad te hará ver la vida de otra forma; con colores y sabores más intensos. Ríe y desentona con el resto del mundo.

Encuentra una Motivación

La motivación es aquel incentivo que te llevará a lograr tus sueños y a insistir cuando creas que ya no hay nado por hacer.

La pasión y la motivación son los 2 súper poderes de los emprendedores y son indispensables para las batallas que enfrentarás. En algunos libros de emprendimiento dicen que debes de tener una motivación auténtica, yo digo que no importa quién o qué sea tu motivación, lo que importa es que sea lo suficientemente fuerte como para mantenerte en el camino y que te aferres a ella como una madre se aferra a sus hijos.

Tipos de Motivación

Existen diferentes tipos de motivación, pero al final todas tienen el mismo propósito: ayudarte a cumplir tus sueños.

Motivación intrínseca. Es un sentimiento que nace en tu interior; algo que te causa placer sólo a ti. Por ejemplo, si te metes a un gym, la única razón es porque te quieres ver bien, y lo que te llevará a ir por lo menos 5 días a la semana será el placer que te causa verte mejor cada día. Esta motivación es la más importante, porque te volverás adicto a esa ilusión y querrás seguir obteniendo más de lo mismo. He allí la importancia de encontrar una motivación real y duradera. Tiene que ser algo que no quieras abandonar al poco tiempo. Tú eres el único que tiene el control de tus acciones y si tienes la fuerza para dominar tus emociones, lograrás realizar cualquier cosa que te propongas.

Esta motivación también logrará que se cree un hábito positivo en tu ADN, regresando al ejemplo del gimnasio, si por alguna razón dejaste de asistir por varios meses, al retomarlo, tus músculos recobrarán su volumen, fuerza y elasticidad, mucho más rápido que la primera vez; ¿por qué pasa esto? Porque tu cuerpo ya está habituado a ese tipo de trabajo, y al retomarlo, se readapta con mayor velocidad. En pocas palabras, la motivación ayuda a crear un hábito inconsciente.

Motivación extrínseca. Son los estímulos exteriores que te impulsan a actuar. Mucha gente logra sus objetivos laborales cuando sabe que tendrá una recompensa por haberlo hecho bien; los empleados de una compañía, llegan temprano a trabajar porque saben que tendrán una recompensa a fin de mes. Otros encuentran motivación en su familia.

No importa si tu motivación viene del interior o del exterior, lo que sí es imprescindible, es que encuentres una.

Sé Feliz y Disfruta lo que haces

Cuando has encontrado tu pasión y la llevas a cabo con motivación, lo que te hace feliz vendrá por añadidura. Lo triste es que muy pocas personas alrededor del mundo, disfrutan realmente de lo que hacen. Su vida no tiene un propósito personal, y por desgracia, no están viviendo al máximo su vida. No importa a lo que te dediques, mientras sea algo gratificante para ti (emocionalmente), hazlo mejor que nadie y procura ser reconocido por ello. Cuando haces lo que te gusta hacer, existe la conjunción de los siguientes elementos:

pasión

éxito

motivación

TALENTO

¿Cuál es tu don? Hablemos del Nicho de Mercado

"Si eres bueno para algo, hazlo mejor que nadie y cobra por ello"

Uno de los primeros pasos al emprender, es definir un sector estratégico; un nicho en el cual te puedas desenvolver con facilidad. Todos tenemos una habilidad especial, algo que hacemos mejor; esa chispa que nos hace diferente del resto. Y es muy importante que sepas identificar y definir ese diferenciador, porque de ello dependerá, en gran parte, el éxito de tu proyecto.

Conozco a muchas personas que deciden emprender sólo porque están cansados de ser empleados y peor aún, lo hacen en un sector que no comprenden. Si tú eres médico no busques trabajos para llevar la contabilidad de las PYMES. Tal vez pienses: *"si estoy dejando mi trabajo es porque ya no quiero seguir haciendo lo mismo"* y es muy válido, pero empezar por lo que dominas te será de mucha ayuda. Recuerda que no hay mejor publicidad que la que te hace un cliente satisfecho, y hace algunos años escuché una frase muy cierta en un salón de belleza mientras me cortaba el pelo: *"si haces bien tú trabajo tendrás un cliente, pero si lo haces mal perderás a 20"*; así que si vas a dedicarte a algo en lo que no tienes experiencia, primero deberás capacitarte lo suficiente, porque un negocio se debe conocer de la "A" a la "Z" para que puedas ofrecer un servicio o producto de calidad y que tus clientes queden satisfechos.

¿Cómo Elegir el Nicho correcto?

Para elegir el nicho adecuado, puedes poner a consideración los siguientes puntos:

1.- Busca hacer o crear algo relevante para los demás.

Hacer o crear algo diferente e innovador debe ser tu prioridad; actualmente hay muchas ofertas, pero casi todas son exactamente las mismas, hasta usan las mismas palabras para intentar atraer tu atención; son muy pocas las que en realidad logran diferenciarse del resto. Así que crear algo original será tu principal reto. Dale a tu cliente potencial la necesidad de ir a buscarte.

La innovación no sólo es aplicable a un producto o servicio, también lo es a un proceso de producción, de venta o de servicio al cliente; asimismo lo es, a un empaque o envoltura. Tienes mucha tela de dónde cortar, es cuestión de echar a volar la imaginación.

2.- Oferta y Demanda. No te debe hacer feliz a ti, debe

hacer feliz a tu cliente.

Busca satisfacer una necesidad genérica, y establece las condiciones necesarias para satisfacerla. Piensa como un médico que intenta remediar una enfermedad, ellos primero revisan a su paciente, para que posteriormente puedan dar un diagnóstico y después te recetan la medicina que requieres. Para conocer un poco de lo que a la gente le duele puedes hacerte valer de las herramientas digitales como Adwords Keyworld Tool, de Google, es una herramienta que te dará las tendencias periódicas de las palabras más buscadas. Al estudiarlas sabrás que es lo que "le duele" con más frecuencia a la gente; conviértete en el "doctor de necesidades".

3.- Analízate.

Tal vez has escuchado antes el sistema FODA, pero ¿en realidad lo entiendes?

FODA es un análisis profundo que abarca dos sectores: el interno y el externo. El primero a su vez, se subdivide en fortalezas y debilidades; mientras que el externo, por su parte se subdivide en oportunidades y amenazas. En internet encontrará mucho al respecto, lo importante es que lo lleves a cabo y gracias a él, descubras tu realidad, hacia dónde puede ir y qué necesidades tienes.

No te conformes con decir, el *"fracaso es aprendizaje"*, porque el éxito también lleva consigo el aprendizaje; es decir, si alguien es exitoso no quiere decir que pierde lo aprendido, al contrario, ha aprendido más que el fracasado. Aprende a sobreponerte de las derrotas, hasta lo más grandes peleadores las han tenido.

RESUMEN DEL CAPÍTULO

1.- Vas a fracasar tarde o temprano, así que aprende a salir del bache pronto.

2.- Trabajar arduamente no te hará millonario, trabajar con inteligencia sí.

3.- Todo comienza con un plan de negocios. Aquello que no es un plan sólo es un sueño.

4.- Sin importar el tamaño de tu PYME necesitarás un Plan de Negocios.

5.- Tú eres el creador de la magia y de la suerte. Tú eres poderoso

6.- Si deseas ser aprueba de fracasos debes tener pasión por lo que haces y la motivación correcta.

7.- Elige tu nicho de acuerdo a tus dones y talentos especiales.

CAPÍTULO 2

Cosas Que Pueden
Darte en la Madre

Para los países que no entienden la expresión *"Dar en la Madre"*, hace referencia a echar a perder algo, arruinar, joder, etc.

Después de esa clase de español mexicano, entremos en materia. En este capítulo hablaremos de personas, cosas y acontecimientos que pueden hacerte fracasar más rápido de lo esperado.

¡Comencemos!

Tener miedo a Arriesgar

Los emprendedores temen perder dinero, temen fracasar, temen decepcionar y decepcionarse; temen ganar; temen arriesgarse. El temor a que las cosas no salgan bien reina en la cabeza de todos los emprendedores, pero lo que no logran percibir es que ese miedo que sienten es síntoma de crecimiento, de desarrollo, de que están saliendo de su zona de mediocridad.

Pero la realidad es que TODOS PERDEMOS.

Todo mundo alguna vez perdemos algo en este mundo de los negocios y sobre todo, cuando estamos empezando. Donald Trump es muy criticado y poco aceptado por la gente latina; pero es un gran empresario, no comparto mucho la visión en que maneja los negocios, pero si algo tiene de bueno este tipo, es su capacidad para vencer el temor y arriesgarse. Él ha estado en banca rota 4 veces; pero lejos de tirar la toalla, se ha levantado más fuerte de cada caída, y ahora es el representante del país más poderoso del mundo. No obstante, también vale la pena señalar algunas cuestiones, como que nunca ha estado en la ruina total, y que se ha aprovechado de la legislación estadounidense de banca rota y de sus contactos para lograr levantar su imperio tantas veces, pero aun así, creo que no le quita el mérito.

El punto es que él ha perdido 4 veces gran parte de su patrimonio, pero siempre lo ha recuperado. Su facilidad para sacarle provecho a cualquier situación ha hecho la diferencia entre su fracaso y el éxito. Es un empresario inteligente que no teme arriesgarlo todo, aunque las consecuencias sean lamentables.

Donald es un claro ejemplo del poder del cerebro. El señor, en su cerebro, se sabe poderoso y millonario, y eso es lo que trae a la realidad, y lo cree con tanta certeza que se ha vuelto multimillonario varias veces.

El miedo tiene diversos grados, mientras menor capacidad de poseerte tenga, el grado también es menor, y viceversa. Si tú vas a la pequeña tienda de abarrotes de la esquina el dueño es un emprendedor; si tú vas a cenar a una modesta fonda, la señora que prepara la comida es una emprendedora; si tú vas a comprar ropa a una pequeña tienda del barrio, el dueño es un emprendedor. Ahora bien, si tú vas a Wal-Mart el dueño era un emprendedor, si tú vas a comer a Pizzas Hut, el dueño era un emprendedor; si tú entras a Mercado Libre a comprar ropa, los dueños eran emprendedores. ¿Qué hace la diferencia entre el *"es"* y el *"era"*? Fácil, el grado de miedo que tengas.

Los 3 primeros ejemplos del párrafo anterior (los que *"son"* emprendedores) son emprendedores que fracasaron porque encontraron comodidad, y el miedo poseyó su mente. No se atrevieron a dar un paso más adelante, no tuvieron el valor de crecer porque tuvieron miedo a fracasar, y por supuesto que no sabían que el miedo es el hermano gemelo del fracaso; así que el miedo transformó su negocio en mediocridad, y por eso cuando alguien piensa en emprendedor, nunca piensa en el tendero o en la señora que tiene una pequeña fonda. El miedo mientras más poderoso sea, tú vas perdiendo valor.

En cambio, el segundo grupo (los que *"eran"* emprendedores), ahora son empresarios. En su mente, el grado de miedo es muy bajo, y por lo tanto no los paraliza; no los ciega, no los perturba. Ellos sabían que el emprendedor nunca debe estar conforme con lo que tiene. Siempre te puedes superar a ti mismo, no temas ser alguien grande, no temas crear algo extraordinario.

Si tienes el nivel de miedo muy bajo en tu realidad, en consecuencia, tu nivel de éxito será mayor.

Los emprendedores debemos entregarnos al 100%, no a la mitad, no al 90%; no con la esperanza de tener suerte. El emprendedor mediocre dice *"voy a ver cómo me va"*; el emprendedor que será exitoso dice *"nací para hacer cosas extraordinarias"*.

Arriesga Inteligentemente. Pero Arriesga

La cuestión no es determinar si te vas a arriesgar. La cuestión es qué estás dispuesto a arriesgar.

Si no te arriesgas pueden suceder 1 cosa: que te quedes toda la vida pensando qué hubiera pasado si. Pero en cambio, si te arriesgas, sólo pueden venir cosas positivas, leíste bien, arriesgarse trae consigo aprendizaje, independientemente si las cosas salieron bien o salieron mal. Porque si las cosas resultaron bien, habrás aprendido la manera correcta de hacerlo, pero si salen mal, habrás aprendido la manera en que no se hacen; en qué debes mejorar, y qué debes evitar.

Antes de tomar cualquier decisión considera que:

a)   **Analizar bien la situación.** El primer punto y más importante a la hora de tomar riesgos es conoce la situación al 100%; al revés y al derecho, por arriba y por abajo.

A la hora de hacer negocios, no te dejes guiar por la palabra mágica *"dinero fácil"* y si 1 oferta se escucha muy tentadora, recuerda este proverbio chino: *"el tiempo no perdona lo que se ha hecho sin él"*. Una gran compañía requiere un gran trabajo detrás.

Investiga casos de fracaso, no de éxito, porque el éxito se vive una forma muy distinta (te recomiendo leer otra de mis obras: *"El Libro del Fracaso"*). Una persona que tiene mucho éxito suele minimizar al fracaso porque lo venció, pero alguien que fue derrotado por él, te contará de una manera más realista su historia. Lee artículos informativos y normatividad legal acerca del tema. Mucha gente últimamente está apostando por el fórex, sin embargo, no saben que el 99% de esas compañías no tienen regulación jurídica en los países latinos, y entonces, cuando pierden su capital, no tienen manera de recuperar su dinero por instancias judiciales.

Finalmente, asesórate de expertos, son la única opinión valida cuando se trata de hacer negocios.

b) **Sé flexible.** La renuencia, como ya lo vimos, ha llevado a millones de empresas y PYMES a la quiebra. Aceptar que los tiempos están evolucionando, te ayudará a estar más abierto a distintas posibilidades de crecer.

c) **Sé congruente con tus objetivos.** La principal motivación para decidir arriesgarte, no debe ser ganar más dinero, sino, que tu empresa crezca, ahorre dinero y produzca mejores productos y/o servicios. Si en tu mente no tienes claro eso, puede que termines invirtiendo en cosas que no entiendes y terminarás perdiendo mucho dinero.

El que no arriesga no pierde nada porque no tendrá nada que perder. El riesgo siempre será el atajo al éxito, pero hay que examinar bien el camino antes de caminar por allí.

Vence el miedo a emprender en 5 pasos:

1.- El miedo es un síntoma

Ve al miedo como un síntoma de que estás saliendo de tu zona de confort, no como un enemigo.

2.- Piensa y actúa como si el miedo no existiera.

Es un cliché pero sigue siendo muy efectivo. ¿Si no tuvieras miedo hasta dónde llegarías? Pregúntate eso cuando el miedo te paralice.

3.- Enfréntalo.

Actuando es la única forma de superar el miedo. La autodisciplina.

4.- Apasiónate.

Para apasionarte de algo, primero debes conocerlo. Investiga acerca del negocio que emprendes, toma cursos y talleres. Sueña en grande y apasiónate de él. Lleva un control de tus avances y te sentirás más motiva a seguir.

5.- Busca socios.

Emprende una aventura acompañado, siempre es más reconfortante que lanzarte sólo.

No tener ambición

Quiero abrir este apartado con la siguiente frase: *"Si tú no tienes ambición no te preocupes por fracasar o triunfar"*.

En Latinoamérica, tenemos la creencia que los ricos son los políticos corruptos, o son los empresarios que hacen cosas ilegales, o son las personas que tienen abusan desmedidamente de otros. En otras palabras, creemos que el dinero es malo.

Esas creencias no pueden estar más lejos de la realidad; en este mundo hay gente de todo tipo en cada esfera social. Y tu forma de actuar no depende del dinero, depende de los valores personales que tengas y practiques. La mayoría de los empresarios son personas generosas, son personas que tienen valores y ética. Así que olvídate de las creencias que te susurran que tú no quieres hacerte millonario. Ignóralas y percibe la riqueza en todo su esplendor. Ten ambición y sé grande.

El dinero es bueno, y ayuda mucho. Voy a decir algo que tal vez no estés de acuerdo, pero el dinero es tan bueno que puede dar felicidad. Y si no me crees, piensa en cómo te sientes cuando te compras ropa nueva; cuando llevas a tu familia a un restaurante; cuando te vas de vacaciones; cuando compras los regalos de navidad, etc., etc. El dinero sí da la felicidad, y quien te diga lo contrario es un conformista que nunca ha tenido dinero de sobra.

No tiene nada de malo que desees tener dinero, fama, y cosas materiales, ya que esos deseos suelen ser los impulsores de muchos empresarios. Y recordar esa vida de lujos que sueñas con vivir, o la gran vida que deseas darles a tus seres amados, es un gran impulso para no desistir y cruzar la meta.

No temas ser ambicioso, la ambición no es mala, porque gracias a ella puedes lograr cosas que la mayoría de las personas no puede. La ambición es mala cuando se acompaña de mentira, traición, egoísmo, despotismo, arrogancia e insensibilidad, pero la ambición por sí solas es una gran motivación para los emprendedores. Sueña que eres grande, y trabaja por ser así de grande en la vida real, porque el mundo se ve mejor desde la cima.

Tener un trabajo estable y emprender al mismo tiempo

El miedo más grande que tiene el cerebro es el de PERDER por eso se la vive inventado excusas que lo mantengan cómodo y en lugar donde ya conoce y todo es seguro; tu cerebro te dice es mejor un sueldo seguro, un horario seguro, una familia segura, una pareja segura, etc. Muchas de las cosas que tenemos actualmente, es porque las consideramos seguras más no porque sea lo que nos hace felices.

Un emprendedor no puede ser esclavo de la seguridad que brinda un trabajo. Y si tienes la intención de emprender un negocio y conservar al mismo tiempo, tarde o temprano terminarás fracasando.

¿Por qué debes dejar tu trabajo? La respuesta es muy simple, porque emprender no es como prepararte un sándwich. El emprendimiento requiere tiempo más que otra cosa y si tú pasas 10 horas en tu trabajo, ¿a qué hora estarás para tu negocio? Cuando monté mi tienda virtual eCompra Central, yo y mi socio pasamos 8 semanas completas (de lunes a lunes) preparando los productos, los contratos, contactando proveedores, haciendo el diseño de la página web, de los catálogos, del marketing, etc., etc. Fue un periodo cansado, pero era el esfuerzo y la disciplina que se requieren para que un nuevo negocio empiece a caminar. Si crees que basta dedicar tu tiempo libre a tu nuevo negocio, lo más seguro es que nunca se logre consolidar, te estancarás en el inicio como si estuvieras atrapado en una piscina de lodo, y nunca verás los resultados que deseas.

Emprender es arriesgar, y si no estás dispuesto a hacerlo, o estás dispuesto a hacerlo a la mitad, es mejor que no emprendas.

Pero ALTO, no estoy diciendo que te avientes al vacío sin paracaídas

Antes de renunciar a tu trabajo es importante que tengas algo de dinero ahorrado, y no sólo para cubrir los gastos iniciales de tu nuevo negocio, sino, para que tú puedas vivir un par de meses. Las primeras ventas tardarán un poco en llegar (¿cuánto tiempo? Todo dependerá de tus campañas de marketing y estrategias de ventas), y para que lleguen las ventas que te permitan vivir cómodamente, tardará mucho más. El secreto será actuar inteligentemente y tener un buen plan.

Confiar demasiado en el dinero

Muchos emprendedores creen que para tener un emprendimiento éxito sólo hace falta un buen capital, pero no es así. El dinero te va ayudar mucho a crecer, pero no te garantizará el éxito. El éxito se forjará con tu capacidad de innovación, tu perseverancia y tu inteligencia. (Recuerda, el pensamiento crítico).

Para que tu negocio sea triunfante necesitas empezar con éxito no con mucho dinero. La mayoría de los emprendedores cuando tienen capital suficiente como para poner su propio negocio, se sienten tan seguros de sí mismos que no se ponen a analizar la situación. Deciden montar el negocio que está de moda, o con lo que ellos consideran que les traerá una gran remuneración económica. No tienen la cautela de, por lo menos, asesorarse de un experto; creen que si tienen dinero, tendrán el éxito asegurado y su negocio estará lleno de clientes.

Los emprendedores que tienen dinero, suelen gastar mucho en publicidad mediocre, en comprar inmobiliario de primera calidad; buscan la mejor ubicación para abrir tu establecimiento; se compran ropa cara y hacen gastos innecesarios. Se olvidan que se tiene que emprender con éxito...

Pero, ¿qué es emprender con éxito?

Para empezar con éxito primero necesitas encontrar tu nicho de mercado; y posteriormente determinar el medio más idóneo para desarrollarlo. No se trata de rentar un local en la zona más exclusiva de la ciudad, ni de tirar tu dinero en inmobiliario caro, ni de aparentar más de lo que puedes costear. El 54% de los emprendedores trabajan desde su casa, es decir, no tienen una oficina formal; y tú tienes que aprender a economizar lo más posible. He escuchado a algunos coaches decir que tienes que contratar a un freelance o a una empresa que diseñe tu sitio web; que te haga una aplicación, que diseñe tus campañas de marketing, etc. Y yo difiero mucho con esa idea, porque tienes que aprender a administrar tu capital, y tener la capacidad de diferenciar entre los gastos necesarios, los gastos urgentes y los gastos accesorios.

Los gastos necesarios son aquellos que tu negocio necesita para estar activo, vigente y productivo. Las asesorías forman parte de esta sección, y si las tomas de un experto, siempre resultan vitales, pero al principio –según mi experiencia– sólo necesitarás la asesoría de un buen abogado corporativo y de un experto en ventas. Conforme vaya creciendo tu negocio irá requiriendo otro tipo de asesorías como de recursos humanos para la contratación del personal, o la de un contador para no tener problemas con el fisco de tu país, etc.

Los gastos urgentes son aquellos imprevistos que necesitan ser liquidados para que no conlleven a consecuencias perjudiciales para tu negocio. Por ejemplo, si tu sistema de envío falla y no puede llevar un paquete urgente a su destino, pues te tocará buscar otras opciones, y si es necesario pagar más, para que el paquete llegue en tiempo y forma, pero no puedes decirle a tu cliente que no vas a enviar, porque lo mínimo que te puede causar es perder un cliente, pero también te podría causar demandas y por ende, problemas económicos.

Los gastos accesorios son aquellos que adornan a tu negocio. Podríamos decirlo que son los pequeños lujos de los cuales, prescindiendo de ellos, tu negocio seguiría funcionando con toda normalidad. Como por ejemplo, comparar inmobiliario de lujo. Sé que como emprendedor siempre quieres dar la mejor imagen a tu cliente, pero un cliente va a regresar porque recibió una buena atención y porque obtuvo un producto o servicio de calidad, no porque lo sentaste en una silla que te costó $1 000 dólares.

Entonces pues, podríamos decir que empezar con éxito es cuidar el dinero desde el inicio e invertir inteligentemente. El dinero de tu emprendimiento debe ser para generar más dinero, no para gastarlo en lujos.

Como ya vimos en el capítulo anterior, requieres de muchas aptitudes y actitudes para tomar la decisión de emprender. Pero eso sólo es el paso inicial, ya que es muy distinto lo que imaginamos a todas las situaciones que se nos presentan día con día, y si no estás lo suficientemente preparado tanto física, mental e intelectualmente, caerás noqueado en el primer round por los puños del fracaso.

Conforme vayas conociendo el mundo del emprendimiento, te darás cuenta que está lleno de cosas muy buenas y satisfactorias, pero también existen cosas negativas que estarán muy cerca de ti. Estos son los aliados del fracaso y sólo están esperando el momento más oportuno para actuar.

Ser arrogante

Así como en la mitología griega se habla de Narciso, un hombre tan atractivo que fue castigado por némesis para que se enamorara de él mismo después de ver su reflejo, para el emprendedor, su principal obstáculo puede ser él mismo.

"Cuando te sientas todopoderoso, procura detener al viento"

–Libro El hombre más rico de Babilonia

Cuando empecé mi primer negocio, creía que tenía la mejor idea del mundo y que con ella iba a revolucionar el mundo, y sería muy exitoso. Creía que lo sabía todo y que lo difícil fue haber renunciado a tener un trabajo remunerado y que emprender sería muy fácil. Pensaba que sólo necesitaría disciplina y una buena actitud para triunfar. Había leído muchos libros sobre superación personal y me sentía lo suficientemente fuerte espiritual y mentalmente, para lograr cualquier cosa. Tenía la mejor actitud. Pero tener que cerrar mi primer negocio porque tuve 2 ventas en 6 meses me demostró de una dura manera lo contrario.

En ese tiempo no sabía nada de marketing ni del mundo de los negocios, y por supuesto que mi probabilidad de tener éxito fue de -1%. Mi ego quedó hecho polvo al final de ese primer fracaso.

Mientras más poderoso te sientas más cerca estarás del fracaso, y mantenerte con los pies en la tierra te salvará de una estrepitosa caída. Todos tenemos una cierta porción de ego, sobre todo nosotros los emprendedores, y conocerlo será tu principal arma para combatirlo.

¿Cómo evitar ser consumido por el ego?

1.- Trabaja en el interior.

Si trabajas en fortalecer lo que hay dentro de ti, los resultados se reflejarán en el exterior. Sé generoso contigo mismo; ámate; perdónate; acéptate; cree en ti; enamórate de tus defectos; explota tus virtudes. Tú eres el inicio de todo.

2.- Aprender para Emprender

"Hoy sé esclavo de los libros para que mañana no seas esclavo de los hombres"

Una buena forma de combatir a tu ego es a través del conocimiento. Cultivar tu mente siempre te dará una percepción más amplia del mundo y de sus habitantes. Lee mucho y saca tus propias conclusiones; rompe paradigmas que te están dañando y te mantienen estancado, y aprende de los demás.

En conclusión, tener una actitud arrogante de sabelotodo y de no hay nadie más chingón que yo, podrían terminar con tu emprendimiento súbitamente.

Escuchar a todo mundo

En el siglo XIX existió un gran cirujano, su nombre era James Barry. Destacó en el ejército y tuvo una exitosa carrera. Lo que nadie sabía es que su nombre real era Margaret Ann Bulkey; una chica que tuvo que disfrazarse de hombre porque en ese tiempo estaba prohibido que las mujeres cursaran estudios superiores, y como su gran sueño era ser una gran cirujana, su único remedio fue obtener una nueva identidad. Durante toda su vida fue luchadora por la igualdad de derechos.

James Barry se reveló en contra del sistema y de la sociedad para luchar por sus sueños. Seguramente cuando les contó su idea a sus amigos y familia le dijeron de inmediato que no lo hiciera porque era una locura. Seguramente hubo quien le dijo que las mujeres no tienen las habilidades para ser cirujanas; seguramente escuchó la palabra *"fracaso"* miles de veces. Seguramente muchas personas estuvieron en su contra, pero gracias a que ella tuvo oídos sordos ante el fracaso, fue que logró hacer realidad su sueño y vivir la vida que siempre quiso.

Si buscas complacer a todo el mundo terminarás dándole en la madre a tu emprendimiento, eso es seguro. No debes de tomarte nada de manera personal y sobre todo, tienes que tener oídos sordos ante las palabras de la gente que intenten desacreditarte o que intenten hacer que renuncies.

Óscar Muñoz el fundador de una empresa que se llama *"Green Glass"* es un gran ejemplo de esto. Él es ingeniero de profesión y mientras estudiaba la universidad se dio cuenta de que había muchas botellas de cristal que se tiraban a diario en su natal Chile; movido por esta inquietud se le ocurrió darles una segunda vida a las botellas transformándolas en vasos. Cuando contó su proyecto a un profesor de la universidad le dijo que era una tontería y que eso jamás iba a tener éxito. Óscar decidió seguir con su idea y empezó a juntar botellas de la basura, compró algo del equipo necesario para cortar las botellas y comenzó su travesía. Sus primeros envíos eran en cajas de cartón que él mismo fabricaba. Se las ingenió para llegar a más personas cada día apoyándose de las nuevas tecnologías.

Actualmente Green Glass es una empresa que factura más de 600 millones de pesos chilenos al año y sus vasos han dado la vuelta al mundo. La motivación de Óscar Muñoz fue, es y siempre será cambiar al mundo.

Debes tener el coraje de luchar por lo que en verdad deseas, porque en el camino no sólo te vas a encontrar gente que no crea en ti y que te diga que no tienes buenas ideas, también te encontrarás a personas crueles que sólo querrán hacerte daño porque el mundo de los negocios no es de color rosa.

Muchas veces las personas que no creen en ti, son tu misma familia o amigos cercanos, y lo único que te puedo decir, es que si tienes esa verdadera vocación por crear un cambio a través de tu emprendimiento, entonces no renuncies sin importar quién esté en tu contra; que no te importe tener sueños locos, porque los locos somos los únicos que podemos ir en contra del sistema.

Veamos algunos sueños locos que son una realidad

Gasolina a Domicilio

En el 2013 salió a la luz una exitosa película mexicana de *nombre "nosotros los nobles"*, donde encontramos a un personaje llamado Javi Noble. Él era un *"emprendedor con sueños locos"* y cuando le expuso a su padre, quien era un exitoso empresario, la idea de crear una gasolinera ambulante, su padre lo tachó de tonto. Y pues, ¿qué crees? La idea de Javi Noble es una realidad.

Resulta que existe una startup de nombre Booster Fuels y fue fundada en el 2014 en California, Estados Unidos, y a través de una aplicación móvil, un pequeño camión de combustible acude hasta tu lugar de trabajo, campus universitario, centro comercial, etc., para surtir la gasolina que necesites. EBay y Facebook son algunos de sus clientes.

Caja Sorpresa

Muchas personas sufren un tormento a la hora de elegir un regalo, y a partir de esta idea surge *"The Something Store"*, donde pagas 10 euros y es enviado al domicilio que tú señales, un paquete con *"algo"*.

Esta caja sorpresa puede contener un libro, un collar, chocolates, artículos de cocina, accesorios de belleza, herramientas, y cualquier cosa que te puedas imaginar. Aunque tiene sus excepciones, como el alcohol, pornografía, productos falsificados, cupones de oferta, cigarrillos, etc. En The Something Store te garantizan que lo que se envía habrá costado al menos 10 euros, pero nadie sabrá qué es hasta que el regalo se abra.

Muchos negocios exitosos han empezado así, con emprendedores que no les ha importado tener ideas extrañas y luchar por ellas aún en contra de los comentarios y de la poca fe.

No pedir ayuda a tiempo

Muchas veces, cuando emprendemos, lo hacemos solos, y nos acostumbramos a salir solos de cualquier problema; y tiene su punto positivo, porque ayuda a tu independencia y a desarrollar tu creatividad; lo malo viene cuando no somos capaces encontrar el momento oportuno para detectar que algo anda mal y pedir ayuda oportuna.

Tener un proyecto en marcha, es como estar enamorado, y muchas veces nos volvemos ciegos. Y no podemos detectar cuando algo va mal con el negocio, y si lo detectamos, creemos que va a pasar, o que es algo *"normal"*, pero la verdad es que no es así, si algo he aprendido en el tiempo que tengo emprendiendo es que aquello que va mal, tiende a empeorar si no se busca ayuda a tiempo.

No esperes a que un problema ya no tenga solución, busca ayuda inmediatamente.

Seguramente eres bueno haciendo algo, y lo haces mejor que nadie, pero eso no significa que sepas hacer todo; nadie puede hacer todo ni sabe hacerlo todo. Así que no dudes en pedir ayuda a alguien que sea experto en una materia en la que tú no lo eres, como marketing digital, como temas legales, como finanzas del emprendedor, etc.

Si no aprendes a pedir ayuda en el tiempo oportuno, te puede costar tu negocio.

Un Giro de 180º para Sobrevivir

A veces, no basta con pedir ayuda a algún experto, ya que la única salida viable es cambiar radicalmente el modelo de negocio. Grandes empresas globales lo han hecho y encontraron un éxito mayor.

Abercormbie

Era una empresa que vendía productos de pesca, caza, campamento y excursiones. Cuando las cosas se empezaron a poner mal, se convirtió en una tienda de ropa de lujo. A principios del siglo XX, ya era muy popular entre la clase alta británica. Pero nuevamente, en 1988, se vio obligada a convertir su ropa de lujo, en casual; pero eso le ayudó a que se expandiera por todo el mundo.

Hasbro

Quizá todo mundo jugamos con un juguete de esta compañía; sin embargo, te sorprendería saber que en sus orígenes era una empresa textil. Cuando estaba a punto de irse a la banca rota, dio el salto a la producción de útiles escolares. Pero las cosas continuaron sin dar los resultados esperados, así que vuelve a dar un salto, y esta vez a la producción de juguetes. Para que Hasbro colocara un juguete exitoso en el mercado pasó casi una década, pero a partir de allí llegaron muchos éxitos, y todo gracias a sus adquisiciones, su capacidad de negociación y su visión de crecer más allá de lo imaginable. Monópoly, Twister, My Little Pony, Play-Doh. X-men y Star Wars forman parte de este gran grupo.

Samsung

Es un gran caso de éxito. Y de empezar en 1938 como una industria pesquera (sí, en la industria pesquera), ahora es uno de los emporios tecnológicos y soluciones digitales más grandes del mundo.

No temas cambiar radicalmente de modelo negocio si las cosas no marchan bien, estudia frecuentemente las tendencias y compáralas con tu producto o servicio, pregúntate ¿Puede mejorar? ¿Puede resistir el paso de la digitalización y otras nuevas tecnologías? ¿Sigue siendo novedoso? ¿Mis ventas siguen incrementado? ¿Cómo va mi competencia? ¿Estoy satisfecho con mi producto o servicio? Hacerte estas preguntas con frecuencia te pueden ayudar a mejorar o modificar el rumbo de tu PYME.

No puedes convencer a alguien de comprar lo que vendes, si tú no estás plenamente convencido de que tu producto o servicio es el mejor del mundo.

Emprender en cualquier momento

Muchas veces lo que le va dar en la madre a tu emprendimiento viene por aspectos externos y que los emprendedores suelen dar muy poca importancia, como la economía de tu país. En Venezuela, por ejemplo, un país muy conocido por toda la situación económica tan difícil que está atravesando, sin embargo eso no quiere decir que sea malo emprender, lo que sí es malo, es emprender en el negocio erróneo. La hotelería, los negocios de víveres y algunos productos locales siguen siendo una buena opción. Mientras que los negocios que necesiten importar o que funcionan con el cambio de divisas, sí enfrentan graves problemas.

Otro punto importante a investigar antes de emprender es la innovación disruptiva. ¿Recuerdas que había antes de IOS? Así es, celulares aburridos, con juegos infantiles y con pocas aplicaciones. IOS inició una innovación disruptiva que afectó nuestra forma de estar comunicados drásticamente. Y no sólo en el ambiente tecnológico se pueden presentar disrupciones de este tipo; también las podemos encontrar en la educación, la fotografía, el cine, etc.

Es primordial que investigues las tendencias que tengan pronóstico de ser duraderas. Existen sectores que presentan pocos cambios disruptivos como la agricultura, la construcción y las materias primas, pero eso no significa que la tecnología no esté dentro de este campo industrial.

La Importación de Ideas

Muchos emprendedores fracasan rápidamente porque intentan traer PYMES que son éxitos en Europa o en Estados Unidos sin antes analizar si su rentabilidad será tan buena en países latinos. En España está en auge los seguros de asistencia jurídica para PYMES y en mi empresa Pluzo ofrecíamos ese servicio. La cultura latina no está acostumbrada a contratar seguros, preferimos pedir prestado y endeudarnos en caso de que suframos algún tipo siniestro o percance. Así que mi intento por vender ese servicio a mis clientes, fracasó rotundamente.

La cultura de tu país influirá de cierta manera para que tu PYME sea un éxito o un fracaso. Identifica las necesidades reales, las tradiciones y los comportamientos de compra de tu ciudad o país, y eso véndeles.

Si no sabes cuándo o cómo innovar, sólo echa un vistazo a tu contorno social; ya que es la sociedad la que determina en el cerebro lo que debe comprar y lo que no.

Ser conformista

"No tengas miedo de renunciar a lo bueno para perseguir lo grandioso"

John D. Rockefeller

Empecemos con una historia:

Había una chica orgánica, ella disfrutaba de la vida sana y el ejercicio. Un buen día vio que su pasión estaba de moda así que decide emprender; y pone un restaurante de comida orgánica. Ella es conocedora de mucha comida sana y vegana, y además cocina muy bien alimentos de ese tipo. La emprendedora orgánica rápidamente logró que su restaurante fuera conocido y popular. Un año y medio después, justo en la misma calle donde ella tenía su negocio, abre otro restaurante de comida orgánica. Ella no se preocupó mucho, porque sus finanzas estaban muy sanas y sus clientes la amaban. Su competencia al ver que no tenía muchos clientes, decide crear un menú distinto, y entonces incluye, hamburguesas y tortas veganas.

El nuevo restaurante no tardó en superar el restaurante de la chica orgánica. Ella pensó, debería cambiar mi menú, pero el miedo le dijo: no, la gente ya te conoce por lo que haces, no hagas nada distinto; no te arriesgues a perder los clientes que te quedan. La emprendedora orgánica ha logrado conservar su restaurante de comida sana, pero vive al día; si sus ventas son malas en una semana, ella vive de forma limitada la siguiente.

Así como en el ejemplo anterior, existen muchos casos de la vida real; y son muchos los emprendedores que han tocado la cima del éxito y después han sufrido la terrible caída del fracaso por el simple hecho de no atreverse a mejorar y seguir innovándose.

El fracaso es continuo y permanente, el éxito es incierto y atemporal. Si tú como emprendedor no comprendes esa regla, el éxito se puede alejar de ti y es probable que nunca regrese, tal cual le pasó a las siguientes empresas que durante muchas décadas encabezaron la lista de las empresas más poderosas del mundo.

Los Ringtones de Moda

Sony Ericsson fue una de las 5 empresas más grandes del mundo. Su éxito lo logró porque se dirigía a un mercado joven, los diseños de sus teléfonos eran innovadores y rompían el molde tradicional del teléfono celular. Creyó que su éxito sería eterno, y no buscó crecer al lado de las nuevas tecnologías, estas malas decisiones la llevaron a perder más de 200 millones de euros para finalmente ser absorbida por Sony.

¿Qué pasó?

El fracaso cree que es el mejor, y Sony Ericsson creyó que tenía el mejor celular del mundo. Nunca pensó que la tecnología avanzaría tan de prisa y que sus celulares para jóvenes, pasarían a ser celulares para ancianos.

Las Primeras Selfies

Todo mundo tuvimos una cámara kodak en la que guardábamos los recuerdos de nuestras vacaciones en un rollo, que posteriormente teníamos que ir a revelar. Teníamos que esperar un par de días para tener las fotografías en nuestras manos, y al tenerlas, nos dábamos cuenta que algunas de ellas salieron borrosas o mal iluminadas. Kodak nunca se preocupó en tratar de resolver esos problemas, y por supuesto que mucho menos esperó que el mundo digital avanzara tan deprisa. La compañía no tuvo la capacidad de acoplarse a las nuevas tecnologías, y finalmente en el año 2012, después de 124 años, se declaró en banca rota, y mientras tanto, nosotros nos seguimos tomando selfies, pero ahora con el celular.

¿Qué pasó?

Que el fracaso prefiere sentirse seguro. El fracaso no apuesta por algo diferente, y fue lo que vivió Kodak. El fracaso le hizo creer que su negocio le iba a durar muchos siglos más.

Películas Digitales

Recuerdo con nostalgia cuando era niño e iba al videocentro a rentar una película para verla con toda mi familia en casa, pero si yo lo recuerdo con nostalgia, Blockbuster lo ha de hacer con nostalgia, con rabia e impotencia. Los dueños de la compañía, seguramente nunca llegaron a escuchar del internet, porque sólo así se podría justificar su grave error.

¿Qué pasó?

Que el fracaso es terco. Después de cerrar sus tiendas de películas, Block Booster apostó todo por la renta de videojuegos, es decir, la misma muñeca, pero con otro vestido. Al final obtuvieron el mismo resultado, gracias a su terquedad de seguir exprimiendo una naranja seca.

La Esperanza Muere al Último

Yahoo! fue la pionera en tener un buscador, correo electrónico, noticias, directorio web vía telefónica, e incluso pequeños videojuegos... pero, ¿alguien la extraña? La verdad es que no, porque no tuvieron la capacidad de luchar contra el innovador del momento: Google. Sin embargo, Yahoo! Fue un gran luchador, y compró miles de avances tecnológicos y plataformas (incluyendo Tumblr) esperando tener su próximo éxito, pero su desesperación no lo dejó tomar las decisiones adecuadas trayendo como consecuencia su venta definitiva.

¿Qué pasó?

Que el fracaso se desespera rápidamente. Yahoo! estaba en el top ten de las compañías más ricas y poderosas del mundo, y tuvo al éxito como su mejor amigo por muchos años. Cuando empieza e emerger Google, su salida más rápida fue seguir expandiéndose en mercados que no conocía, todo para que el éxito no se apartara de la empresa. La desesperanza llevó a Yahoo! A tomar malas decisiones que le costaron la vida.

El miedo a salirse de la zona de confort es la ruina de toda empresa. Si tienes un producto o un servicio que funcione, explótalo, sácale provecho, disfrútalo, pero no te duermas en los brazos del éxito; siempre busca hacer o dar algo más novedoso. Piensa como cliente, como consumidor o como usuario, en qué podrías mejorar.

RESUMEN DEL CAPÍTULO

Cosas que le darán en la madre a tu emprendimiento:

1.- Tener miedo a arriesgar. El miedo es una enfermedad mental, y si permites que te domine, nunca podrás tener éxito.

2.- No tener ambición. Pero recuerda que todo con medida.

3.- Tener un trabajo estable y emprender al mismo tiempo. El que sirve a 2 dueños, con uno siempre quedarás mal. Un emprendimiento requiere TODO de ti.

4.- Confiar demasiado en el dinero. El dinero es importante, pero no te llevará al éxito por sí solo.

5.- Ser arrogante. Tu peor enemigo a veces puedes ser tú mismo.

6.- Escuchar a todo el mundo. Los consejos son buenos, pero lo más importante es en lo que tú crees.

7.- No pedir ayuda a tiempo. No esperes hasta que las cosas sean irreparables, si detectas que algo anda mal, pide ayuda a un experto en la materia; hay coaches gratuitos en algunos sitios, como por ejemplo Micromentor.

8.- Emprender en cualquier momento. Los factores que pueden dar en la madre a tu emprendimiento, a veces vienen del exterior.

9.- Ser conformista. El mundo del emprendimiento no es para mentes mediocres.

CAPÍTULO 3

Buenas ideas = Fracaso;
Ideas Exitosas = Dinero

El éxito empieza en tu cabeza a través del proceso creativo; allí se forma una idea. Pero para que esta idea se convierta en exitosa, es necesario que tenga ciertas características que veremos en este tercer capítulo.

Un emprendedor que busca copiar una idea exitosa, es probable que conozca al éxito, pero no podrá expandirlo y mucho menos retenerlo a su lado por mucho tiempo. Porque el camino al éxito es largo, es cambiante y está lleno de aprendizajes. Y querer copiar algo, no te dará todas las armas que necesitas para afrontar los cambios, económicos, sociales ni tecnológicos. Los emprendedores debemos ser creativos e innovadores.

La creatividad es la facilidad con que creas, descubres y mejoras, pero también con la facilidad con resuelves problemas. De la creatividad depende el 50% de tu éxito. El otro 50% es el conjunto de tu inteligencia y determinación (innovación). La creatividad es poner tu sello a tu servicio o producto. La creatividad es la capacidad de poner a trabajar tus talentos Donde hay creatividad estará el éxito aparecerá.

Muchos emprendedores creen que una buena idea es más que suficiente para triunfar, y lo que yo pienso es: jajajajajajajajajaja.

Todos, todos, todos los emprendedores creemos que tenemos una buena idea que va a revolucionar el mercado, pero la triste verdad es que el fracaso está hecho de buenas ideas porque una idea, por sí sola, no es suficiente para que se transforme en negocios. Una idea debe ir acompañada de un estudio de mercado, de un proceso técnico, y de capacidad de aplicación. Pero antes de hablar de estos puntos, vamos a ver las características de las buenas ideas.

Las buenas ideas siempre deben conmover, crear e innovar.

Una buena idea vende; todo lo que toca una buena idea, lo hace extraordinario. Una buena idea es el camino a la riqueza.

Sin embargo, el problema no es generar buenas ideas, el problema es creer que tenemos una *"buena idea"* que no está dando resultados y aferrarnos a ella con la esperanza de que algún día va a mejorar. Las buenas ideas nacen en el cerebro, pero se perfecciona en el camino.

Características de una buena idea:

1.- Es simple

Una idea es simple, o mejor dicho, fácil de explicar. Si tienes la idea de montar un negocio, pero no puedes expresarla en una frase breve, lo más probable es que no puedas capitalizarla. La idea de tu negocio debe ser tan clara que la pueda entender cualquier persona y de cualquier edad. Una buena idea de negocio debe decir en qué eres distinto y siempre está dirigida a crear una mejora.

Howard Schultz sentó las bases de lo que hoy todos conocemos como Starbucks Coffe Company. Howard dice: la idea era simple: *"crear un ambiente en el que la intimidad de la relación con el espacio y la experiencia del café pudiera cobrar vida"*. Confieso que a mí no me gusta el café que venden en Starbucks, pero el hecho de traer su vaso desechable en la mano, sentarme en algún lugar del establecimiento, y pasar un rato agradable con los amigos, me termina por vencer. Tengo amigos emprendedores que cuándo les pregunto dónde están, me responden: trabajando en Starbucks.

En este caso, las personas se sienten *"mejor"* al estar y beber en Starbucks. La idea no era vender café, era vender una experiencia. La mejora no precisamente debe estar dirigida a tu producto o servicio; también puede ir dirigida al cliente, el establecimiento, a la atención al cliente, etc.

Al cerebro de tus clientes les gusta que le digas cómo tu producto o servicio los va a ser felices, por lo que no te esfuerces en tener un concepto de negocio demasiado complejo; la simplicidad dará mejores resultados cuando de conectar con los clientes se trata.

La Simplicidad también es Flexible...

Ya hemos hablado de la flexibilidad en varias ocasiones, pero es porque es parte fundamental del proceso del éxito. Cuando Jeff Bezos incursionó como emprendedor, lo hizo a través de un sitio llamado cadabra. Su idea principal era revolucionar el catálogo tradicional; y cadabra.com era una librería virtual, que tenía un amplio catálogo de libros y los usuarios podían adquirir el que más les gustara. Cadabra se transformó unos cuantos años después en Amazon, y todos ya conocemos el resto de esa historia. La idea inicial de *"revolucionar los catálogos"* se transformó en *"poder comprar lo que necesites sin importar dónde te encuentres"*. Jeff tenía una gran idea desde el principio, pero las <u>buenas ideas son flexibles y tienen la capacidad de adaptarse para ir mejorando.</u>

 Las buenas ideas son flexibles, pero no se adaptan por sí mismas, tú tienes que estar midiendo los resultados.

Y también es...

El error más común de las *"buenas ideas"* que tienen los emprendedores, es que quieren que sean para todo el mundo. Dirigen sus ideas para satisfacer las necesidades de todos los consumidores. Seth Gordin dice en su libro la vaca púrpura, que los productos que son para todo el mundo ya fueron creados, y si quieres intentar competir contra ellos sólo conseguirás el fracaso, porque ya tienen muchas décadas de estar en el gusto del público.

<u>Las buenas ideas son selectivas</u>, y no se les gusta juntarse con todo el mundo. Tengo un hermano de 25 años que no le gusta Facebook porque no está muy familiarizado con las nuevas tecnologías y lo encuentra aburrido; mis tíos mayores de 50 años no usan Facebook, pero curiosamente sí lo usan mis tías mayores de 50 años, ¿por qué pasa esto? Muy simple, porque Facebook está dirigida a un público con características y gustos específicos, y contrario a lo que piensas, *"el face"* no está hecho para todos.

Piensa cuál es el poder de tu producto o servicio y en una frase provoca que la gente quiera utilizar su poder, y no sólo eso, esa frase debe ir dirigida a un público objetivo.

2.- Es guinda

El color de la sorpresa es el guinda. Una idea debe sorprender para que llame la atención. Debe romper los tabúes y lo tradicional. Una buena idea debe ser atrevida.

Las buenas ideas por lo general son rechazadas varias veces antes de triunfar porque son distintas, se salen del molde tradicional, y no siguen las reglas. Cuando Stephen King comenzaba su carrera se encontró con el rechazo de las editoriales y de varias personas que eran cercanas a él. Su frustración llegó a tal grado, que tiró el manuscrito de Carrie a la basura. Su esposa lo encontró y fue quien lo motivo a seguir. Hoy en día ha vendido casi 400 millones de libros por todo el mundo. Stephen revolucionó las novelas de terror en su momento, y sigue evolucionando continuamente porque es un generador de buenas ideas.

Para generar buenas ideas no necesitas dinero, necesitas pensar creativamente. Y tal vez las buenas ideas no sean un "boom" desde el inicio, pero el tiempo te dará la razón si tu idea es buena o no lo es.

David Muntañola, CRO de citibox, dice: *"sin el miedo a equivocarnos la innovación sale sola"*. Esta frase no quiere decir que venzas el miedo a equivocarte, dice que de todos modos te vas a equivocar, y lo mejor es empezar lo antes posible. Para generar buenas ideas no necesitas empezar de cero; investiga y sigue en las redes sociales a los grandes creativos y diseñadores del mundo y busca que te inspiren, para que después puedas crear tus propias propuestas.

Usa un Guinda Real

¿Qué pasaría si en los anuncios de Fedex, saliera que uno de sus paquetes está en el espacio? Seguramente los usuarios pensarían que ahora hace envíos fuera del planeta, o que Fedex está incursionando en un mercado distinto. ¿Y qué pasaría si Fedex confirma que sigue en el mismo mercado, pero sólo que quiso hacer una publicidad espacial? Lo más probable es que sus clientes se sientan confundidos o engañados.

Las buenas ideas tienen que sorprender, pero eso no quiere decir que tengan que engañar. Tus clientes, y el público en general, no son tontos y saben muy bien cuando les intentan tomar el pelo, y lejos de que tu empresa cause una buena impresión, perderá credibilidad.

Lo *"real"* también hace referencia a lo racional (como ya lo analizamos). Las buenas ideas deben estar previamente investigadas y deben haber pasado por un proceso crítico. No se trata de tener ideas locas, sino de ideas locas con fundamento. Una buena idea es la fusión perfecta entre el hemisferio creativo y el hemisferio racional del cerebro.

Las ideas guindas que son innovadoras, van encaminadas a lograr la fidelidad del cliente, es decir que sean devotos a tus productos y servicios; que los compren continuamente.

Para lograr dicha fidelidad debes:

a)   **Ponerte en los zapatos del cliente**. Recuerda que cada cliente calza distinto y sobre todo, que cambian de zapatos muy seguido, porque a nadie le gusta andar con unos zapatos rotos, que lastiman o que ya no le son útiles.

b)   **Escucha recíprocamente**. La relación empresa-cliente ha cambiado gracias a las nuevas tecnologías, si buscas en Facebook, o en Twitter o en alguna otra red social, tienes la posibilidad de hablar directamente con representantes de una marca para felicitarlos o para quejarte. Esa nueva relación recíproca es un arma de doble filo, porque por un lado puedes conocer de forma directa del cliente lo que piensa, pero también los comentarios negativos pueden manchar considerablemente la imagen de tu empresa.

Cuando recibes comentarios negativos, tienes que aprender a recibirlos con madurez, pero la forma de contestar a dichos comentarios, aparte de madura, debe ser meditada y siempre pensando que la imagen de tu empresa está en juego. Lo mejor en estos casos es saber elegir bien tus batallas y ser políticamente correcto; de ser necesario lleva ese tipo de conversaciones en privado y siempre trata de que el cliente no termine la discusión enojado. Puedes ofrecerle una promoción u oferta para su siguiente compra, porque por más que tú tengas la razón, un cliente insatisfecho puede hacerte perder más clientes.

c)   **Facilita la vida**. Tus clientes no deben sentir que hicieron un gasto, convéncelos que hicieron una inversión en algo que mejorará o facilitará su vida diaria. Si los convences de que es algo indispensables para ellos regresarán continuamente a comprarte.

El iPhon es un ejemplo perfecto, es un producto muy simple, pero con un diseño elegante, que hizo parecer dinosaurios a todos los demás, de pronto los botones ya no fueron bonitos e hizo que se viera muy fácil usar un celular, porque puedes manipularlo con tus dedos. El internet ya era de más fácil exceso en todo el mundo, la gente se empezaba a fascinar con las redes, y así fue como el celular que usas todos los días te dio la posibilidad de estar conectado con el mundo. Fue el primer teléfono inteligente de verdad. Y a pesar de que es un celular caro, la gente está dispuesta a pagar por todo lo que le ofrece porque ellos no lo ven así, el cliente lo ve como algo útil para su vida cotidiana.

d)   **Sé el mejor amigo**. Por lo general, siempre buscas un espacio durante el día para saludar a tus mejores amigos, para averiguar cómo se encuentran y hasta para invitarlos a comer. Eso mismo debes hacer con tu cliente, en cada cliente busca un mejor amigo; dale un buen trato, mantente en contacto contigo e invítalos a tu negocio cuando haya algo que les pueda interesar. La cercanía es vital en el nuevo estereotipo del cliente.

Estar en contacto continuo no quiere decir que acoses a tu cliente todos los días con promociones, novedades, etc. Yo en lo personal termino odiando a las marcas que se la pasan hostigando con lo mismo todos los días. Un tiempo decidí cambiar de compañía telefónica, el servicio no era "tan malo", pero lo que definitivamente me convenció para regresarme con su competencia, fue que diario recibía de 3 a 5 mensajes de texto diciendo tonterías. Los mensajes, ni siquiera eran acorde al tipo de plan que tenía, y no conforme con eso, ¡¡me empezaron a mandar whatsapps!! ¿Cómo no odiarlos? Lo que te puedo decir de mi experiencia, es que no acoses a tu cliente todo el tiempo; que si le vas a mandar mensajes, mínimo averigües antes sus intereses, y sobre todo, aprende a diferenciar los canales de promoción más idóneos; en mi caso, el whatsapp es personal, y que me manden mensajes aburridos e inservibles es abrumador.

e) **No les mientas**. Las mentiras decepcionan, y al menos que seas un tonto, volverías a donde te decepcionan.

3.- Cuenta una Historia.

Un spot que se lanzó hace algunos años, casi deja en la ruina a la empresa refresquera más grande del mundo. Se trata de Coca-Cola y un spot de su competidora Pepsi.

Si ya tienes tus añitos, recordarás un comercial en el que se hacía un test a ciegas y se daba a probar Pepsi y Coca-Cola a las personas. La gran mayoría de los participantes elegía a Pepsi como el refresco que más les gustó, y trajo consigo que las ventas de dicha compañía se levantaran tanto, que superaran las de Coca-Cola.

Los sabores de ambos refrescos eran similares, así que la *"buena idea"* de Coca-Cola fue cambiar la fórmula de su producto y lanzado como la nueva coca. El día que la nueva coca salió al mercado, Pepsi les dio el día libre a todos sus empleados en señal de la victoria contundente que habían tenido. ¡Y sí que fue una victoria! Porque no pasó mucho tiempo para que los consumidores de Coca-Cola dejaran de consumir la nueva coca y exigían que regresara la fórmula original. A Coca-Cola no le quedó más remedio que admitir su error y regresar a su fórmula original, relanzada bajo el nombre de coca clásica.

Después de ese momento, Coca-Cola optó por mejorar sus campañas publicitarias, apostando por el marketing emocional. En toda la publicidad de Coca-Cola, hay gente riendo, hay familias comiendo, amigos conviviendo, etc. Lo que quiere decir que Coca-Cola es sinónimo de felicidad, de unión, que es ideal para todos los momentos familiares; ideal para cada momento de la vida.

Muchas de las grandes compañías descubrieron este secreto unas cuantas décadas después, y ahora podemos ver anuncios de cervezas que no anuncian cervezas, o de coches que no anuncian coches.

Cuando estés creando una idea, busca que transmita y conecte emociones, que tu objetivo sea hacer que la gente se identifique con tu PYME, que el consumidor se sienta feliz, seguro, poderoso, satisfecho o más sabio al usar tu producto o servicio.

¿Cómo debe ir vestida una buena idea?

Al principio del capítulo te hable de las tres cosas que debe tener una buena idea para que realmente llegue a ser buena, y esos 3 aspectos son: proceso creativo, estudio de mercado, y capacidad de aplicación. Si falta uno de estos elementos a tu idea, será sólo una triste idea, que no te dará los resultados que esperas.

Proceso creativo

El primer paso hacia las buenas ideas es el proceso de creatividad. Su principal objetivo siempre será crear, mejorar o extinguir procesos de operación; la identidad visual corporativa; el servicio al cliente o un producto o servicio. O incluso todas las anteriores al mismo tiempo. Las fases de proceso creativo son las siguientes:

a)   **Identifica.** Todo éxito comienza con el nacimiento de una simple idea, pero observar previamente a tu entorno será lo que la engendre. Contrario a lo que piensa la gran mayoría de la gente (excepto los empresarios), todas las empresas del mundo se fundaron con una simple idea en mente: hacer un mundo mejor. Tu tarea es estar atento a tu entorno (local, nacional y mundial) en todo momento y buscar un problema, un dolor o un temor al que le puedas dar remedio. Este será tu punto de partida. Todos compramos para ser felices, y debes de tener esto en mente a la hora de crear alguna idea de negocio.

b)   **Navega.** Es hora de investigar si tú idea realmente es un problema o un mal de para la población. Utiliza las herramientas digitales para saber qué buscan en la red. Lee revistas, libros y artículos para que descubras si alguien más ha hecho tu idea, y de ser así, cómo lo hizo, en qué se equivocó y cómo podrías mejóralo. Navega en internet para saber si existen tecnologías que podrías aplicar a tu idea. Y lo más importante: ¿tu idea se ajusta a la realidad?

Ya hemos hablado que la sociedad es la que termina en el cerebro de los compradores lo que es bueno y malo comprar, así que antes de poner una buena idea en el mercado, asegúrate que tu zona estratégica –el lugar donde vas a lanzar tu producto o servicio– esté preparada para recibir lo que vas a ofrecerles. Recuerda el ejemplo de Nokia, una empresa con grandes ideas pero que no las supo ajustar a la realidad en la que estaba viviendo.

c)   **Incuba.** Cuando tengas la información correcta en tus manos, vas a poder hacerte la pregunta del millón: ¿cómo voy a resolver la necesidad o el problema? Pon en tela de juicio si será necesario crear un producto o servicio nuevo o tal vez sólo es necesario mejorar uno existente. ¿Será necesario recurrir a la tecnología? ¿Necesitarás apoyo de especialistas? Pensar cómo vas a actuar es el punto medular en esta parte del proceso creativo.

d)   **Organiza.** Ponle un principio y un fin a tu idea y tradúcela en tiempo. Es decir, qué y cuándo lo tienes que hacer, de nada te sirve el proceso creativo, si no tienes una fecha de ejecución. Llevar una idea a la realidad será lo único que la haga exitosa.

Estudio de mercado

Hacer un estudio de todo tu mercado potencial te ayudará a ubicar los obstáculos y los caminos rudos de por donde tú y tu PYME van a caminar. Es muy importante que todo emprendedor realice un estudio antes de iniciar cualquier proyecto, ya que en él encontrarás información valiosa para conocer la respuesta del mercado a determinado producto o servicio. Un buen estudio de mercado te debe informar cuáles son los estándares de los precios y los canales de distribución más óptimos.

Tal vez tangas idea de lanzar un nuevo producto, pero no estás seguro de todas las características que debe contener, y he allí cuando entra el estudio de mercado; también a través de él, te darás cuenta si tu producto contiene demasiadas características o si dichas características son o no de interés para consumidor.

Gran parte del fracaso se debe a no saber cuál es el público consumidor más idóneo para dirigir nuestro producto o servicio. Y a través de este estudio lo podrás determinar.

El estudio de mercado también te dará un panorama acerca de los proveedores y de tu competencia (niveles de facturación, su evolución, su posición actual en el mercado, número de empleados, qué le ha sido útil y que no, etc.).

El Estudio de Mercado Efectivo

Lo que te recomiendo es que te acerques a empresas especializadas en realizar este tipo de análisis, es un poco caro, ya que ronda los 40,000 pesos mexicanos, todo va a depender del tipo de industria a la que esté dirigido. Lo anterior no significa que tú no puedes realizar un pequeño estudio, y por lo menos debes tener en cuenta lo siguiente:

a) **Recopila información**. Toda la que puedas referente a tu sector. En internet encontrarás mucha tela de donde cortar como cuál es la situación actual de tu mercado, las estadísticas, datos y censos más relevantes; testimonios, etc. La clave será que te informes a través de sitios webs oficiales, como las páginas de las empresas de tu sector, la cámara de comercio, la de la Secretaría de economía de tu país, etc.

Google AdWords también te puede orientar en tu búsqueda, con las palabras claves más usadas.

Asiste a ferias sectoriales, por lo regular allí encontrarás gran variedad de conferencias e información con respecto a tu materia.

Haz entrevistas y encuestas dirigidas a tu competencia y a tu público objetivo.

Con toda esta información te será posible establecer tu primera valoración del mercado.

b) **Observación directa**. ¿Qué está pasando actualmente en el mercado? Aquí es cuando tú personalmente debes comprobar lo anteriormente investigado, corregir lo que sea necesario y añadir todo lo nuevo que descubras.

Visita los locales de tu competencia, observa detenidamente cómo actúan, cómo es el servicio al cliente de tu competencia. ¿La mayoría de los clientes son hombres o mujeres? ¿Qué edad tienen? ¿En qué zona se encuentra tu competencia? ¿Qué tendencias siguen los compradores? Todo comportamiento y todo lo que forme parte de los agentes externos de tu mercado debe estar muy bien estudiado.

c)   **Análisis interno**. Es hora de investigar directamente a tu competencia. Te será muy útil encontrar en qué han fallado y cómo lo han solucionado. Investiga también cuales son las estrategias que implementan actualmente.

d)   **Cliente objetivo**. Con todo lo anterior podrás determinar al público más ideal para dirigir tus servicios o tus productos. Divídelos en grupos según sus características como: procedencia, gustos, cultura, poder adquisitivo, etc.

e)   **FODA**. Ya hablamos de lo que significa FODA, ahora viértelo a un enfoque de tu mercado.

f)   **Definir precios**. Cuando vayas a definir los precios, es conveniente que te tomes tu tiempo. Dar precios por debajo o por arriba de la competencia es lo que determina la manera en que tu cliente va a recibir a tu producto o servicio.

Pero todo va a depender del enfoque y al mercado a que te dirijas. Si te vas a dirigir a mercados de lujo, lo más conveniente es que tus precios estén por encima del promedio; la gente suele asociar lo barato con malo, y tienes que hacer lo contrario si vas a mercados más económicos.

Lo que yo te aconsejo es que tengas los precios por el promedio general de tu mercado y que te esfuerces por incrementar su valor de otro modo, como por la calidad del producto, el servicio al cliente; o incluso, un empaque distinto puede funcionar muy bien.

Capacidad de aplicación

Una vez que tienes la idea y has realizado tu estudio siguiente paso es hacerla real. La única manera en la que te darás cuenta de que tu idea de mercado, el s buena o mala, será lanzándola al mercado. El secreto para que funcione radicará en tu disponibilidad de adaptación. Las buenas ideas se perfeccionan con la práctica. No busques demasiado por tener el producto o el servicio perfecto, porque no lo tendrás hasta que estén en contacto con tus clientes. Una buena estrategia que podrías implementar para hacerlo es crea los accesos necesarios para que el cliente te pueda decir lo que está bien o no. Lo que le gusta y lo que podría mejorar.

También debes estar atento de los números. Si los resultados no coinciden con las metas, el problema muy probablemente radique en el proceso y será necesario reajustarlo. Las buenas ideas tienen que dar resultados positivos.

 Si tienes un equipo de trabajo, también crea los escenarios necesarios para que entiendan a la perfección tu idea y todos puedan trabajar a la par.

En conclusión, cuando tengas un producto o servicio en el mercado, con procesos de renovación continuos, enfocado en satisfacer las necesidades del cliente y del cual estás obteniendo una ganancia económica, estamos hablando de que tienes una buena idea.

RESUMEN DEL CAPÍTULO

1.- Una buena idea no basta para tener éxito.

2.- Las buenas ideas son flexibles y selectivas.

3.- Las buenas ideas causan sorpresa.

4.- Las buenas ideas cuentan una historia.

ANEXOS

El Plan de Negocios

Un plan de negocios no sólo es una buena brújula para guiarte en el mundo del emprendimiento, también es una poderosa arma a la hora de pedir un financiamiento. Por ello, aquí te van unos tips para que quede perfecto y puedas acceder a un crédito de manera más fácil:

1.- Debes de tener mucho cuidado con los detalles y ser lo más claro y breve posible. A nadie le gusta leer mil cosas y que al último no proyecten una idea clara.

2.- Debe de tener metas claras, medibles y reales. El realismo del plan será el secreto del éxito, si existiera un negocio tan rentable que diera 5 millones de dólares el primer año, Donald Trump o Carlos Slim ya estuvieran trabajando en ello.

3.- Austeridad ante todo. Sólo introduce al plan aquellas herramientas, maquinaria o tecnologías estrictamente necesarias. A nadie le gusta saber que su dinero será derrochado en caprichos de emprendedor. Otra cuestión importante es que debes incluir un pequeño pago para ti; con lo cual debes subsistir de manera decente, es decir, si eres un gran ejecutivo que ganaba 100,000 al mes, no quieras pagarte ese mismo sueldo al mes.

4.- Conoce tu plan de principio a fin. Lo más probable es que te hagan preguntas acerca de tu plan, y si no sabes contestar de manera segura y precisa, la oportunidad se te habrá ido en ese momento. La primera persona que debe estar segura de que su negocio será un éxito eres tú, y esa seguridad la debes de transmitir a los demás.

Platicando un poco con Nieves González, que trabaja para el gobierno de México como dictaminadora de proyectos productivos que buscan capital, nos cuenta todo lo que debe contener tu plan y en el siguiente orden:

1.- Incluye el programa de inversión fija y diferida y capital de trabajo.

2.- Menciona las características del producto/servicio objeto del proyecto de inversión.

3.- Expresa el análisis del consumidor del producto/servicio objeto del proyecto de inversión.

4.- Establece el análisis de la competencia directa que enfrenta el producto/servicio objeto del proyecto de inversión.

5.- Incluye el análisis de precios existentes y los propuestos del producto/servicio objeto del proyecto de inversión.

6.- Anexa el análisis de la comercialización del producto/servicio objeto del proyecto de inversión.

7.- El estudio técnico del proyecto de inversión elaborado.

8.- Contiene el cálculo de la capacidad productiva y la selección de la tecnología de acuerdo al estudio de mercado.

9.- Expresa la localización y el abastecimiento de la materia prima necesaria para la obtención del producto/servicio objeto del proyecto de inversión.

10.- Calcula el punto de equilibrio de la operación del proyecto de inversión.

11.- Incluye el programa de producción del producto/servicio objeto del proyecto de inversión.

12.- El estudio financiero del proyecto de inversión detallado.

13.- Incluye el programa de inversión fija y diferida y capital de trabajo.

14.- Menciona las fuentes de financiamiento a las que se solicitará apoyo financiero para el desarrollo del proyecto de inversión.

15.- Determina el cálculo de flujo de efectivo y capital de trabajo mediante el cálculo de egresos e ingresos en el desarrollo de la actividad productiva del proyecto de inversión.

16.- Contiene el cálculo de los estados financieros pro-forma mediante el cálculo de la proyección de ingresos y egresos.

17.- La evaluación financiera elaborada del proyecto de inversión diseñado para la empresa.

18.- Incluye los indicadores de rentabilidad de acuerdo con el valor actual neto y la tasa interna de retorno de la operación del proyecto de inversión.

19.- Contiene el análisis de sensibilidad de los parámetros del proyecto y el efecto en la rentabilidad de la operación.

Si tu Plan de Negocio incluye todos estos puntos, y están desglosados de manera profesional y concreta, incrementarás la posibilidad de obtener un crédito.

 En el siguiente link podrás descargar de manera GRATUITA un ejemplo de Plan de Negocios para solicitar un crédito PYME

https://pluzo.com.mx/recursos/

¿Estás Bloqueado?

Existen muchos ejercicios que te ayudarán a desafiar tu mente y tu imaginación. Te presento 5, que te pueden ayudar mucho a ti y a tu equipo para mantenerse creativos.

a) Conexiones Forzadas. La intención es conectar palabras, objetos, o situaciones que no tienen ningún tipo de relación entre sí, para formar algo nuevo; no tiene que ser lógico, tiene que ser creativo.

Por ejemplo, un reloj y un humano:

Un reloj sirve para medir el tiempo. El hombre percibe el tiempo como un periodo de vida.

El tiempo es una dimensión física, pero el reloj es la forma material del tiempo. Con un reloj puedes adelantar o atrasar la hora.

El hombre tiene memorias de ciertos periodos de su vida.

Si el hombre pudiera tener un reloj que se conectara directamente con esas memorias desplazadas en un periodo de tiempo específico. Entonces el hombre tendría la posibilidad de hacer viajes en el tiempo.

Reloj + Humano= Viaje en el Tiempo.

Así como este ejemplo, muchos de los grandes inventos de la historia estás inspirados en la naturaleza y el hombre, como ave + hombre= avión. O por circunstancias como: distancia + urgencia= a telecomunicaciones.

b) Goog-Bad Interesting. Fue desarrollada por Edward de Bono y consiste en determinar algo bueno, algo malo y algo interesante de acerca de lo que queremos desarrollar. El rubro que tenga más ideas, determinará el sesgo que está tomando o que podría tomar nuestro proyecto, y podrás determinar (a cierta medida) si es buen negocio o no.

Ejemplo: Tienda de Mascotas

Lo Bueno	Lo Malo	Lo interesante	Valoración
-No se requiere de mucha inversión. -Es un mercado creciente.	Hay muchos servicios similares.	Las personas cada día valoran más a sus mascotas. Sobre todo, en las grandes ciudades.	Positiva. Tiene una predicción de crecimiento. Se requieren innovaciones constantes.

c) SCAMPER. Su principal objetivo es expandir una idea. Los principios que se utilizan son las sustitución, combinación, adaptación, modificación, eliminación y reversión.

Ejemplo: Cómo Obtener más Ventas para mi Negocio.

Sustitución: cómo obtener más clientes. (Si quieres más ventas entonces necesitas más clientes)

Combinación: cómo vender más a nuestros clientes habituales y al mismo tiempo, tener nuevas ventas.

Adaptación: para tener más ventas, entonces necesitamos hacer promoción.

Modificación: no se puede llegar a antiguos clientes y a nuevos, con la misma técnica. Se tienen que dividir las estrategias de marketing.

Eliminación: ¿Cuáles son los canales más idóneos para llegar a nuestros clientes? ¿Redes sociales? ¿Publicidad tradicional? ¿Qué podría funcionar y qué no?

Reversión: No será necesario.

Este método es una buena forma de imaginar situaciones al mismo tiempo que haces estrategias. No es necesario que estén cubiertos todos los apartados, porque habrá ocasiones que simplemente no apliquen.

d) Los 6 sombreros. También es una técnica desarrollada por Edward de Bono y en ella tienes que ver una cuestión desde 6 puntos de vida diferentes: la lógica, el optimismo, el abogado del diablo, la emoción, la creatividad y la dirección.

Es una técnica más cuadrada pero muy útil, porque como ya lo comentamos, las ideas deben estar fundamentadas en la lógica para que puedan ser buenas ideas.

Muchas veces, lo único que vas a necesitar es darle un respiro al cerebro para que regrese tu inspiración creativa; podrías salir un fin de semana de la rutina y acercarte a la naturaleza, como un campo o aguas termales, esa es una medicina que nos brinda el universo y es muy efectiva para que el cerebro se libere del estrés y pueda trabajar más efectivamente.

SEGUNDA PARTE

Ya emprendí, ¿y ahora qué?

CAPÍTULO 4

Los Emprendedores Son
Buenos Líderes

Trabaja Primero en Ti Mismo

Como ya lo mencioné, la seguridad brota desde adentro, así que todo comienza contigo. Y si cambias pequeños hábitos cotidianos pueden ayudarte mucho.

El Liderazgo es una Actitud y una Virtud

Liderar no es sinónimo de mandar, ni ordenar, ni de reprimir. Liderar es influir positivamente en los demás para que hagan lo que tú deseas, sin que lo tomen como una orden o como una imposición. Un líder debe ingeniárselas para que la gente trabaje por gusto, no por obligación. Liderar es una actitud de muchos, pero una virtud de pocos.

¿Qué es un Líder?

Un líder es una persona atractiva y segura de sí misma. Todos identificamos a una persona que es segura de sí misma porque camina con la postura erguida y su paso tiene el ritmo adecuado. Tienen un tono de voz firme pero tranquila; escuchan activamente y miran a los ojos. Los líderes siempre sonríen. La seguridad se expresa desde adentro hacia afuera, lo que implica que primero tú tienes que creer que eres un líder, antes que los demás lo perciban. Cree que eres exitoso, cree que eres estable, cree que eres un genio; cree que eres un innovador. Cree y hazlo.

Un amigo me dijo una vez, existen dos tipos de líderes, los que son tan atractivos que con una sonrisa conquistan a cualquiera, y los que tienen que trabajar mucho para que la gente los voltee a ver. En parte tiene razón, porque la gente que es más atractiva suele tener más poder de audiencia y la gente los escucha con mayor facilidad, y ejemplo de ello son todos los influencers que vemos en las redes sociales, no obstante, el liderazgo es una virtud que pocos tienen, y no es lo mismo que te volteen a ver, a que la gente haga lo que tú quieres. Y yo, cuando dije que el líder debe ser atractivo, no me refiero para nada a su físico, sino por su personalidad.

¿Cómo fomentar tu liderazgo?

1.- Toma tus Propias Decisiones.

¿Qué quieres comer? ¿Qué ropa quieres comprar? Esas son decisiones que sólo deberían depender de ti, no de la opinión de alguien más. No digo que la opinión de los demás no es importante, pero si no puedes decidir qué camisa combina mejor con tu pantalón, nunca podrás dirigir a un equipo.

2.- Asertividad.

Di lo que piensas y dilo fuerte para que te escuchen todos. La opinión de un líder es la más importante de un equipo, así que siempre di cualquier cosa que no te quede clara o te incomoda. Reconocer los logros en público y habla de los errores en privado, también es parte de la asertividad. Piensa antes de hablar y exprésalo en el momento oportuno.

3.- Por sus Frutos los Conoceréis.

Las personas por lo regular toman como buen ejemplo a quién es generoso o tiene vocación de servicio. Puedes empezar por donar todo aquello que tienes arrumbado en tu armario y ya no utilizas; también puedes unirte a alguna asociación como voluntario, o si das algún servicio, puedes establecer un día al mes donde des gratis tus servicios. La clave será que tus actos hablen solos; que todos te conozcan por tus frutos, y no por tus palabras.

4.- Ponte en Forma.

Tener un cuerpo fitnes da seguridad a todo mundo. Además, un cuerpo bien definido, habla de constancia y disciplina, y por si fuera poco, la ropa horma mejor en cuerpos hechos dentro de gimnasios, lo que te dará una mejor presentación y porte.

5.- El Conocimiento es Seguridad.

Si eres experto en un tema, tienes más confianza a la hora de hablar de él, puedes opinar sin temor y la gente nota eso. Un buen líder está actualizándose constantemente y eso le da más seguridad en los momentos que hay que actuar.

Trabaja en ti mismo poniendo en práctica estos 5 puntos de manera eficaz y constante y los resultados los notará todo mundo.

El Tiempo es Oro

Muchas personas se quejan de que el tiempo no les alcanza para hacer todo lo que a ellos les gustaría, pero no se ponen a pensar que personas muy productivas hacen mucho con las mismas 24 horas del día, entonces el problema real, no es *"no me alcanza el tiempo"*, más bien es: *"no sé administrar mi tiempo"*.

Si aprendes a administrar tu tiempo de forma correcta podrás alcanzar tus objetivos de emprendimiento más rápido. Un equipo con la optimización idónea del tiempo puede ser 4 veces más productivo que uno que no.

Al principio del libro hablamos de trabajar inteligentemente, y parte fundamental de ese proceso es la gestión del tiempo. Y lo que es cierto, es que cuando inicies no te será fácil llevar una vida con horarios y metas distintas a las que estás acostumbrado, pero con mucha disciplina, podrás crear el hábito del emprendedor en ti.

Mientras te acoplas a tu estilo de vida como futuro empresario, es probable que cometas algunos errores porque nuestro cerebro está acostumbrado a reaccionar de esa manera. A continuación, te enlistaré los errores más comunes a la hora de trabajar y en los cuales debes de estar consciente para evitarlos:

a)   **Hacemos las cosas rápido.** Cuando trabajamos a prisa sólo es por 2 cuestiones: nos disgusta tanto lo que hacemos y queremos terminarlo de prisa, o se nos olvidó y estamos haciendo todo de última hora. Y en cualquiera de los 2 casos, es señal de que las cosas andan mal, muy mal.

Si no te llena lo que estás haciendo, ¿qué esperas para cambiar de empleo? ¿Qué esperas para ser feliz? Busca tu éxito cualquiera que sea tu definición personal de ello.

Si se te olvidan hacer las cosas no es más que falta de organización. Pero gracias a la tecnología ahora puede tener una solución muy simple porque se te puede olvidar todo, menos el celular. Aprovéchalo y apunta tus deberes en una agenda virtual. Puedes utilizar Todois que es una de las más veteranas y prácticas; Anydo que cuenta con servicio en la nube y en la cual se pueden clasificar las tareas en 4 apartados según su prioridad (tareas para hoy, mañana, semanal y de largo plazo). Remember the milk es otra excelente opción, cuenta con alarmas de recordatorio que avisan con anticipación y los cuales pueden ser recibidos por otras aplicaciones como twitter, Skype o Evernote.

Tener una agenda te ayudará a trabajar más eficientemente y sin cansancio físico, sin embargo, ten en cuenta que la mayoría de las cosas cotidianas no se pueden agendar, porque los días están llenos de imprevistos y además, tratar de hacerlo resultaría absurdo y te estresaría más en vez de ayudarte. Lo que te recomiendo es que sólo agendes aquellas cuestiones que tienen un plazo de tiempo para llevarse a cabo, las citas y recordatorios para una actividad específica, como hablarle por celular a un cliente.

b)   **Tiempo extra.** Creemos que trabajar demasiadas horas ayudará a terminar más pronto con nuestras labores, sin embargo, el trabajo en horas extraordinarias es ineficiente porque ya el cuerpo está fatigado. Cuando el cerebro está cansado, tienes dificultad para concentrarte; tus movimientos motores se vuelven torpes y lentos; la cabeza te empieza a doler, te pones apático e irritable.

Trabajar horas extraordinarias nunca es bueno porque únicamente te vuelves improductivo. Lo ideal es tener un horario establecido para el desarrollo de cada actividad; si no quieres cosas muy "tecnológicas" puedes recurrir a los simples pero efectivos horarios escolares, donde teníamos anotados las materias de la semana y las horas que nos tocaban cada día. Te aconsejo comenzar el día con las tareas más largas, o las que requieren mayor concentración; lo que puedes dejar a la última parte del día son la revisión de tu email, o cualquier otra actividad que no requiera análisis.

c)   **El mediocre dice** *"bajo presión trabajo mejor".* Es falso y esa es la contestación más recurrente de las personas poco productivas y mediocres.

Para tener un mejor control de todos los procesos internos y externos de tu PYME, Oscar Martínez, Gerente de Administración de Ventas de Pluzo, te recomienda la siguiente:

Llevar un Tablero de Control es una herramienta de administración fundamental y de mucha ayuda para todas las PYMES. A través de indicadores puedes monitorear el seguimiento de todas tus operaciones, y así evaluar de manera más asertiva la situación actual de tu empresa.

Un Tablero de Control, en pocas palabras, te ayudará a tener mayor conocimiento de tu PYME y evitar que las cosas vayan mal. Un tablero puede ir dirigido a varios sectores de tu PYME y su principal característica es que todo lo que pongas en él, debe ser medible. Por ejemplo, si tu tablero va dirigido a la captación de clientes, podrían estar de la siguiente manera:

TC-Clientes

Enero-Febrero

Vendedor: Juan Bananas
Al 17 de Enero

Podemos observar que en el Tablero de Control Clientes (TC-Clientes), el vendedor Juan Bananas tiene una meta de 40 clientes nuevos para el periodo de enero-febrero. La fecha del reporte es del 17 de enero y lleva 12 clientes nuevos, lo que indica que aún está a tiempo de cumplir su meta. Aquí la estrategia de ventas adecuada hará que la flecha del velocímetro vaya avanzando.

Asimismo, si está dirigida a tu cuota de ventas:

TC-Cuota Ventas (en miles de pesos)

Enero-Febrero

Vendedor: Juan Bananas
Al 15 de febrero

En el Tablero de Cuotas de Ventas (TC-Cuotas Ventas) el mismo vendedor tiene una meta de 100 mil pesos en el periodo de enero-febrero, sin embargo, ya es 15 de febrero y no va ni a la mitad de su objetivo. En este caso, la estrategia para la fuerza de ventas es vital para el cumplimiento de la meta. Se debe llevar un control de cada vendedor y ver por qué no tiene ventas, si le falta capacitación de cierre o de prospección, o alguna otra cuestión.

La idea de tener un Tablero de Control, es que puedas prevenir y/o corregir aquello que va mal de manera oportuna, y es por ello que mantener un monitoreo constante es la clave.

También puedes tener un Tablero de Control en tu Smartphone, en tu tableta electrónica o en tu computadora, pero lo ideal es que lo estés viendo constantemente para que no se te olvide hacer las revisiones pertinentes. Recomiendo a las PYMES que el periodo del indicador sea breve, y no mayor a un mes.

Si sigues las recomendaciones de Oscar, estoy seguro que te será más fácil impulsar el crecimiento de tu PYME, él tiene más de 20 años de experiencia en su materia y conoce muy bien todos los procesos administrativos que implica estar al frente de una PYME.

Me gustaría complementar esta información diciéndote

que también existen varios tipos de Tableros de Control, los que más recomiendo para PYMES son los siguientes:

1.- Tablero de Control Operativo.

Es ideal para las PYMES que producen productos; el seguimiento de este tipo de tableros es recomendable hacerlo diario y está ajustado a uno o varios procesos de producción. Los indicadores deben dar conocimiento de la logística, ventas y compras.

2.- Tablero de Control Directivo.

Abarca el control total de la PYME, y se subdividen para su mejor monitoreo. Por lo general es empleado en las zonas más estratégicas como la dirección de finanzas, o la de administración de ventas.

3.- Tablero de control Integral.

Lleva el control estratégico de dos o más tableros. Es el más ideal para los dueños de PYMES, para que puedan conocer el funcionamiento de cada área por separado, pero también en conjunto.

El mejor Tablero de Control será el que se ajuste exactamente al modelo de negocio de tu PYME, y el gráfico en el que decidas emplearlo, también dependerá de ti, y de la facilidad que tengas para interpretarlo.

Tú como emprendedor debes ser dueño de tu tiempo, debes de aprender a tener el control de las cosas que están en tus manos, y no dejarlas en manos del fracaso.

Cuando tengas la información proporcionada por tu Tablero de Control analízala detalladamente en privado, y luego con tu equipo de trabajo. Tomen la decisión que traiga más consecuencias positivas que negativas. Una vez me llegó un cliente que tenías una tienda digital; él sabía que necesitaba contratos digitales (como el contrato de políticas de uso, de contratación virtual, el de políticas de privacidad y uso de datos personales, etc.); al principio estaba dispuesto a hacer los cambios a sus contratos que le había recomendado, sin embargo, lo dejó pasar. Meses después (ya ni lo recordaba) regresó, pero esta vez no quería una asesoría, ahora buscaba quién lo representara en un juicio porque uno de sus clientes los había demandado por recibir un producto en mal estado y porque el contrato de políticas no respaldaba esa situación.

Por fortuna, pudimos llegar a un acuerdo sin necesidad de un juicio, pero mi cliente tuvo que desembolsar 6 veces más de lo que yo le cobraba inicialmente.

Si detectas que algo anda mal en tu PYME, corrígelo inmediatamente, si no te sientes capaz, busca la ayuda de un experto, pero no dejes tu PYME en manos del fracaso, porque tarde o temprano la romperá.

Ladrones del Tiempo

Para aprender a gestionar de manera más efectiva y rápida el tiempo, es necesario que conozcas las circunstancias más comunes por las que el tiempo se nos va y sin que nos demos cuenta. Estas son, no saber priorizar y la incapacidad mental de no saber decir que no.

1.- No priorizar.

Ya vimos que llevar una agenda y un control es el primer paso para empezar a ser dueños de nuestro tiempo. Ahora bien, el segundo paso es aprender a priorizar y la mejor forma de hacerlo es dividir las tareas en 3 apartados: lo indiferente, lo importante y lo efectivo.

a) **Lo efectivo** son todas aquellas actividades que son eficientes y eficaces al mismo tiempo, o en otras palabras logran un objetivo de forma rápida y fácil. Por ejemplo, una reunión con posibles inversionistas o socios capitalistas, o adecuaciones al modelo de producción para que se realicen más productos por hora.

b) **Lo importante** es aquello interesante, conveniente o que resalta por sus cualidades. Para llegar a determinar el nivel de importancia debemos hacer un análisis comparativo. Por ejemplo:

Al emprendedor en crecimiento lo invitaron a una cena donde

van a asistir personajes importantes de su industria, está considerando asistir, sin embargo, hoy salió temprano de su oficina después de 3 semanas de llegar a casa muy tarde. Piensa que si llega temprano a casa podría descansar y ver una película al lado de su pareja. ¿El emprendedor debe asistir a la cena, aunque esté muy cansado, o pasar tiempo con su esposa?

Lo importante no es aquello por lo que sientes un compromiso moral, porque si el emprendedor en crecimiento asiste a la cena podrá conocer nuevos contactos o incluso clientes, y otra noche podrá cenar con su pareja y contarle las buenas noticias.

Con la familia y amigos, no se necesita tener una agenda para convivir, ellos no necesitan el tiempo que te sobra. Tus seres queridos necesitan tiempo de calidad, en el que puedas escucharlos, abrazarlos, pasar un momento de risas, de confort; un momento en el que puedas decirles cuán importantes son para ti y lo tanto que los amas; y no importa si son 30 minutos o 2 días enteros, lo importante es que estés presente al 100%.

c)   **Lo indiferente**. Esto no se refiere a todo lo que no tenga importancia o que no te vaya a traer algún beneficio futuro. Quiere decir que si no lo haces hoy, ni mañana, ni pasado, ni incluso dentro de 2 semanas, no te va a traer ninguna merma ni los indicadores de alerta se activarán.

2.- No Saber Decir que NO.

En nuestra cultura latina decir que *"no"* es algo malo. Y esto se debe a que el *"no"* es de las primeras palabras que comprendemos. Nuestros padres nos decían *"no te subas allí porque te vas a caer"*, *"no comas eso porque te vas a enfermar"*, *"no toques allí porque te quema"*, *"no juegues con eso porque lo vas a romper"*. No. No. Y más no. Y años después, en nuestro cerebro adulto el *"no"* es malo, es descortés; es grosero; es una limitación; es una advertencia, etc., etc.

Evitamos decir *"no"* a toda costa que, cuando alguien llega a pedirnos un favor que no queremos hacer, decimos que *"sí, con mucho gusto"*. Y ahora tienes que cumplir tus responsabilidades y las de otros.

Si no puedes hacer algo o simplemente no quieres, dilo. Decir que *"no"* también es parte de ser un líder. No tienes porqué sacrificarte o sufrir por otros, ser un líder no es ser un mártir. Yo soy muy tajante en ese aspecto y si algo con lo que no estoy cómodo se me presenta, simplemente lo rechazo...

Pero, como sé que vivimos en el nuevo mundo <u>políticamente correcto</u> puedes decir que NO de forma educada:

Decir que NO a una invitación

Las invitaciones ejercen en el cerebro una fuerte presión, porque por un lado están las cuestiones de cortesía y por otro, lo que realmente queremos. Conozco a muchas personas que para evitarse la *"pena"* de decir que no a alguna invitación, prefieren inventarse una historia fuera de lo común como que tienen un viaje al Amazonas para reencontrarse con su niño interno que lo perdieron a los 8 años a causa de un trauma que comenzó cuando se mamá no les permitió salir con sus amigos y desde entonces la incapacidad de relacionarse con otros seres humanos ha estado presente en su vida.... Bla, bla, bla.

Tal vez te parezca una excusa demasiado tonta, pero créeme cuando te digo que en verdad existen personas que inventan esa clase de cosas sólo para no decir *"no, gracias"*.

Un buen líder sabe ser congruente con sus acciones y lo que quiere, y además, decir *"que no"* a una invitación no es tan malo, sólo tienes que seguir unos sencillos pasos. Lo primero es agradecer la consideración o hacer sentir a la otra persona importante, como: *"te agradezco mucho"*, *"tu invitación me halaga"*, *"significa mucho para mí que tomes en cuenta"*. O frases así que resalten cuánto te importa su consideración.

Lo segundo no es poner el famoso *"pero"* sino, un sentimiento de malestar, como: *"te agradezco mucho la invitación y lamento estar indispuesto ese día"*, o también puedes decir: *"tu invitación me halaga mucho. Siento tener otros compromisos a esa hora".*

Las excusas son de mediocres, evítalas a toda costa.

Tienes que ser directo pero cortés, así el cerebro de la persona que te hace la invitación no lo considerará como un desaire y sabrá que tenías intención de asistir pero que no pudiste por otras cuestiones. En cambio, si te encuentras titubeando mientras tu cerebro intenta buscar una excusa, la persona sabrá que no quieres asistir y que sólo estás buscando un pretexto.

Decir que NO a un favor que NO puedes o NO quieres hacer

Es muy común que las personas te pidan un favor justo cuando estás más ocupado y no puedes hacerlo. Y decir un no directo provocará que la otra persona se vaya al baño a cortarse las venas y sentirse miserable; así que puedes intentar decir *"ahorita no puedo"* o *"por el momento estoy muy ocupado"*. Después puedes agregar algo que le sea de ayuda a la persona, y aquí sí podría entrar el *"pero"*: Por ejemplo, *"ahorita no puedo, pero aquí encontrarás cómo hacerlo" "por el momento estoy muy ocupado, pero estoy seguro que tú podrás hacerlo sólo"*. Aquí el *"pero"* si funciona porque es para resaltar o mencionar algo bueno, no para poner un pretexto.

Aprender a decir que *"no"* te costará mucho, pero valdrá la pena. Ya que lo que nunca valdrá la pena es cargar con responsabilidades de terceros, y mucho menos si no las deseas.

Nunca digas *"deja lo pienso"*, *"al rato te digo"*, *"llámame al rato"*, etc. Eso sólo alentará a la persona y a te acorralará más al estar pensando en ello que terminarás aceptando.

3.- No Delegar

Es el tercer ladrón de tiempo más común entre los emprendedores. Y podría funcionar al principio cuando sólo eres tú y tu buena idea de negocio, pero conforme tu PYME vaya creciendo requerirá de más manos, cerebros y bocas para que siga haciendo posible su ascenso.

El Trabajo en Equipo

Antes de Delegar alguna tarea, asegúrate que esa persona está plenamente capacitada para realizarla. De lo contrario sólo retrasará más el trabajo.

Delegar es todo un arte que requiere de un proceso bien establecido:

a) **Define las tareas.** Qué puedes hacer tú. Qué va a hacer tu equipo. Cuáles actividades necesitan hacerse grupalmente.

b) **Hazlos partícipes activos.** Asegúrate que la persona a quien delegas entienda cada detalle de lo que va a hacer. Haz hincapié en la importancia que esa tarea tiene, y en la responsabilidad y confianza que estás depositando en la persona. Tiene que sentir que también es responsable del trabajo.

c) **Sé accesible.** Deja en claro que estarás allí para orientarlo y motivarlo en todo momento. Sé paciente si no hace el mismo proceso que tú; todos trabajamos de forma distinta y lo primordial es que la tarea quede realizada de forma eficaz.

d) **Término fatal.** Definan un plazo de tiempo para que se realice la tarea. Permite que la persona encargada de hacer la tarea decida el término para que se sienta más responsable.

Desafortunadamente la mayoría de los emprendedores latinos no comprenden los alcances del trabajo en equipo. Y todo gracias a nuestra deficiente educación desde la primaria. El trabajo grupal es una disciplina y una cultura, pero no lo percibimos de esta manera porque en la primaria el trabajo en equipo es para ir a casa de tu mejor amigo y ver películas y comer, y hablar de todo menos del trabajo. El trabajo en equipo también es la oportunidad perfecta para dejar todo el trabajo en manos de una o 2 personas, mientras que el resto del *"equipo"* no hace nada. Desde que ingresamos a la escuela, es donde empieza esta bola de nieve que con los años se desliza por el sendero haciéndose más grande y al final nunca aprendemos el verdadero significado del trabajo en equipo.

Para fundar una PYME necesitas cambiar ese chip del trabajo en equipo y empezar a verlo de otra manera. El trabajo grupal no es para aprovecharse de los otros, es para crecer juntos; el trabajo grupal no es para divertirse, es para lograr objetivos y después celebrar.

Volvamos a decirlo:

El emprendedor debe ser un líder, y no pude serlo si no conoce la cultura del trabajo en equipo.

Un equipo con mucha experiencia y con ideas innovadoras no sirve de nada si no tiene un buen líder. Por ejemplo, la fuerza de ventas de una empresa, por más buenos vendedores que tenga, necesita del área de administración de ventas. Y así cada área de tu PYME necesita un líder.

Los líderes también, toman riesgos y <u>son responsables de sus actos</u>; no buscan culpar a otros, ni poner excusas siempre algo sale mal. Un líder busca avanzar; identifica los caminos más adecuados y si no los hay, los inventa.

La Unión hace la Fuerza

Tener un equipo fuerte ayudará a que tu PYME sea más productiva; que tenga mayor índice de desarrollo.

Robert T. Kiyosaky dice que tu equipo de trabajo debe estar conformado por gente más inteligente que tú, y no puede estar más en lo cierto. La idea principal de tener un equipo es para que vengan a reforzar aquello en lo que tú eres débil, no para que vengan a mermar.

El mejor consejo que te puedo dar es que no tengas una selección estricta y cuadrada. Habrá puestos que necesitas habilidades especializadas y con experiencia de campo, como en el caso de la contabilidad o de la vacante legal de tu PYME, sin embargo, habrá otras que no lo requieran. En una de mis sucursales en la ciudad de Guadalajara, el gerente de operaciones se llama Carlos y es una persona que sólo terminó hasta la secundaria, ¿por qué lo elegí a él y no al curriculum del profesionista? Porque Carlos tiene habilidades de integración y facilidad de palabra. Es una persona con buen sentido del humor y aquello que no sabe hacer, está dispuesto a aprenderlo.

La nueva era laboral está cambiando, tú también contribuye a que sea diferente e incluyente. No valores a una persona por el título educativo que tenga, sino, por todo lo bueno que puede aportar a tu PYME. La experiencia se adquiere, la actitud no.

Tu equipo debe estar formado por personas en las que confíes plenamente y que compartan tus sueños.

Sé la Miel y Ellos Serán las Abejas

Tus aliados en el trabajo serán las personas con las que convivas más horas de lunes a viernes, por lo tanto, es más que indispensable que te caigan bien y les caigas bien. Nunca hagas partícipe de tu equipo a una persona con la que no te llevas bien por más experiencia, capacidad y creatividad que tenga.

La armonía dentro de tu equipo es el oxígeno que necesita para vivir, si las rivalidades, los desacuerdos y las faltas de respeto forman parte de la rutina diaria, lamento decirte que tu equipo tiende de un hilo, y bastará un soplido para que todo se desmorone cual castillo de pinole. La buena calidad de la relación hará cimientos fuertes que podrán resistir los malos tiempos.

La relación debe ser recíproca, la principal obligación del líder dentro de su equipo es velar por los intereses de sus miembros. Tienes que ver a las personas que conforman tu equipo primero como seres humanos y después como amigos y al final como empleados o socios. Preocúpate por ellos, muestra interés real por sus cuestiones personales; hazles saber que en ti pueden confiar, pero no con palabras, con hechos.

Trátalos con respeto y con importancia. Felicítalos el día de su cumpleaños y si es posible dales un pequeño presente. Escúchalos y dales una palabra de aliento cuando lo necesiten. Sé la miel y ellos serán las abejas.

La mejor forma de fomentar las relaciones personales es

haciendo actividades fuera de la oficina y donde tengan tiempo de conocerse sin la máscara que da de un puesto de trabajo. Organiza el viernes social y rompan la rutina. Organiza actividades físicas grupales o de excursión. Cualquier actividad fuera de la oficina será excelente siempre y cuando no se hable de trabajo. Muestra interés en su vida personal y se sentirán queridos.

 Si organizas alguna actividad así, siempre tiene que ser fuera del horario de trabajo, de lo contrario vas a perder autoridad frente a ellos y te verán como el jefe relajado, no como el líder divertido.

Todo mundo amamos los días feriados, y por consecuencia, todo mundo odiamos a las personas que nos hacen trabajar esos días. Especialmente en México, tenemos muchos días feriados al año.

Gracias a nuestra cultura escolar y religiosa estamos programados para no trabajar en esos días, muchas personas ya se saben de memoria cuándo serán todos los puentes del año y hasta los tienen marcados en color rojo, en su calendario. Y por más buen jefe que seas, si los haces trabajar en esos días (y más a los empleados que no son considerados como "trabajadores de confianza"[5]) tu reputación caerá hasta los suelos.

Es recomendable, si tu PYME te lo permite, otorgar esos días de descanso. De no ser posible, prémialos con forme a la ley pagando 3 veces su salario diario y cambia ese día de descanso para uno posterior.

¿Cómo influir y no fracasar en el intento?

El poder obligatorio que requieren los emprendedores, es el de la influencia. Sin él, no podrán ser líderes jamás. Podrás ser todo el astuto manejando las matemáticas o el ser creativo más dotado del planeta, pero si no puedes influir en los demás, de nada sirve.

Influencia y Manipulación

Hay una línea muy delgada entre influencia y manipulación.

Un político que juega con la mente, haciendo creer a sus simpatizantes que todo en su vida está mal, pero él tiene la solución mágica; está manipulando, no influyendo. La influencia es control, no sometimiento.

Un recién nacido apenas llora un poco y su madre reaccionará de inmediato y hará todo lo posible por tranquilizarlo. El bebé tiene gran influencia en su madre, más no la manipula. El amor es parte fundamental de la influencia.

La principal diferencia entre ambas radica en que, influir es *"quiero que hagas algo para un beneficio común"*, mientras que en la manipulación sólo se busca el beneficio personal. Siguiendo con el caso del bebé, supongamos que ya creció y tiene 4 años; él sabe que si llora su madre le concederá todo lo que pide, allí la influencia se volvió manipulación.

Existe una técnica muy útil para fomentar una persuasión muy fuerte con tus empleados. Cuando los trabajadores de una corporación quieren pedir algo, nombran a un representante para que lo haga en nombre de todos; ese representante siempre es alguien que tiene algún tipo de contacto con el jefe, porque los trabajadores creen que eso influirá positivamente en la toma de decisión. Y funciona exactamente a la inversa, cuando el patrón requiere algo, busca aliarse con este representante para que influya positivamente en los trabajadores. Para que puedas influir debes permitir que te influyan., si tus trabajadores no tienen un representante, busca asignar uno. También tendrás que ceder de vez en cuando, pero el más beneficiado podrías ser tú.

Ahora vamos a ver unos puntos clave:

Mentira = Desconfianza

Los compromisos rotos, las mentiras y las decepciones constantes acaban con la confianza, y es imposible influir en alguien que no te tiene confianza. Sé honesto en todo momento; un líder nunca debe prometer algo que no puede cumplir a su equipo. Los resultados de muchas situaciones no están en nuestras manos, pero si desde el principio estás consciente que no lograrás cumplir determinado objetivo, es mejor que no prometas nada.

Y también...

Desconfianza + Decepción= Fracaso

Ten el valor de sostener lo que predicas. Aceptar las consecuencias de todos tus actos, y los actos grupales habla de un gran líder. Cuando afrontas las malas consecuencias con la frente en alto, tu equipo se siente confortado y seguro bajo tu mando. Es como cuando éramos niños y corríamos a casa para decirle a alguno de nuestros padres que otro niño nos había ocasionado algún daño; sin importar lo que fuera, sabíamos que papá o mamá saldrían a nuestro rescate. El hombre por naturaleza busca refugio o conforte cuando las cosas no salieron bien; tú como líder tienes que ser ese refugio, y cómo lo lograrás, pues afrontando con madurez las cosas buenas, pero sobre todo las malas.

Si demuestras a tu equipo que tú estás para defenderlos, ellos te seguirán con fe ciega.

El Poder Moral

Otra forma de ganar la confianza rápidamente, es teniendo valores y principios. Imagina que estás parado en la calle a las 11pm. La última reunión del trabajo se extendió y ya no alcanzaste transporte público. La pila de tu celular se descargó y no puedes llamar a nadie. Vives a 7 calles de la oficina y por eso prefieres dejar tu coche en casa. Los minutos siguen pasando y el frío de diciembre enfría rápidamente tu cuerpo. Tú opción más lógica es caminar a casa.

Vas de prisa, con frío, cansancio y miedo porque te sientes inseguro. Doblas la esquina y tan sólo a media cuadra está la entrada de tu edificio; siempre quisiste vivir en la planta baja, pero tu apartamento está hasta en el 4º piso. Miras a la ventana de tu apartamento y te alegras porque ya estás muy cerca; piensas en lo delicioso que es estar metido en la cama alejado del frío. Cuando vuelve tu vista a la calle hay 2 hombres que se dirigen hacia ti. No ves su rostro con claridad, pero visten con pantalón de mezclilla y ambos traen puesto el gorro de su sudadera. Disminuyes el paso, pero ellos lo aceleran y no dejan de mirarte...

¿Cómo te sentirías en esa situación? ¿Qué harías?

Ahora imagina la misma situación, pero esta vez cuando vuelves la vista a la calle hay 2 mujeres que se dirigen hacia ti; no se ve con claridad, pero ambas llevan un hábito; parecen monjas...

¿Cómo te sentirías en esa situación? ¿Qué harías?

Lo más probable es que la primera situación te haga entrar en pánico, mientras que la segunda sólo te desconcierte, y esto no se debe a que en el primer caso aparecen hombres y en el segundo mujeres; tampoco se debe a su vestimenta. Entonces, ¿por qué les temes a los hombres caminando hacia ti?

La respuesta está en tu brújula moral que te hace discernir entre lo correcto y lo incorrecto. Una monja es una servidora de Dios, alguien que en nuestro cerebro hace el bien y por tal motivo no puede lastimar a nadie. Y por el otro lado, tu brújula moral te dice que los *"hombres buenos"* están en su casa a esas horas de la noche y, por ende, esos hombres que vienen hacia ti, no son buenos.

Tener valores y principios te viste como una persona de confianza y te da poder moral. El poder por medio de la coerción, es aquel que se adquiere a base del miedo. Donald Trump ganó el mando del país más poderoso del mundo porque su campaña se enfocó en propagar el miedo. Miedo a los inmigrantes, miedo a los ataques terroristas, miedo a la crisis económica; miedo por aquí, miedo por allá; miedo por todos lados. Pero el poder moral es el que se adquiere a través de valores y principios como el respeto, la tolerancia, la solidaridad, la honestidad, la eficacia, la imparcialidad, etc. La actuación ética debe ser tu espada de combate.

Empodera y Serás más Poderoso

Un buen equipo no se forma con un líder y varios mediocres; un buen equipo está integrado por líderes; cada uno experto en algo. Un buen equipo se forma con personas de tu confianza y que cuentes con las habilidades necesarias para que tu PYME crezca.

1.- Otorga Importancia.

Permite que los miembros de tu equipo tengan independencia para tomar decisiones; al hacerlo, ellos estarán desarrollando sus habilidades de análisis y de resolución. Y podrán tomar mejores decisiones para el rumbo de tu PYME. Recuerda la premisa, yo gano, tú ganas.

2.- Rompe Barreras.

Significa que tu PYME no sea burocrática y que no se necesite agendar una cita con 3 semanas de anticipación para que te puedan consultar, o tú a alguien de tu equipo. Haz ágil la comunicación entre todos. Muchos de los problemas de tiempo y malos resultados son a causas de la mala comunicación que hay entre los miembros de un equipo. Establece como regla que todos deben estar accesibles para dar solución a cuestiones fundamentales como temas de nómina, de ventas, de contratos, etc.

Asimismo, debes proporcionar todas las herramientas que necesitan para que realicen sus actividades como manuales de operación, políticas de sanciones, un lugar individual de trabajo; material, internet, etc.

3.- Educación Continua.

Ya hablamos de la innovación disruptiva y de rodas las consecuencias que puede traer no estar actualizado y preparado para los cambios. Tú y tu equipo deben estar en constante actualización y estar dispuestos a aprender cosas nuevas. Personas que ya lo saben todo, no funcionan en las corporaciones.

4.- Incentivos.

Existen distintas formas para premiar el buen desempeño de tu equipo de trabajo y de tus empleados:

a) **Comisión.** Es la más popular de todas porque el dinero mueve la voluntad de la mayoría de las personas. El dinero es el mejor motivador; el dinero le gusta a la mayoría de la gente;

quieren tenerlo con frecuencia, y cada vez en cantidades mayores. Si tú les das lo que les gusta van a querer más de ello, y para conseguirlo trabajarán más, se esforzarán más. Es posible que realicen cosas de las que no se creían capaces. Este tipo de incentivos funciona muy bien para todo el personal de ventas; un día tuve la oportunidad de platicar con una chica que trabajaba en una tienda de accesorios para dama, ella me confesó que no le gustaba mucho su trabajo por el ambiente laboral en el que se desenvolvía, sin embargo, no renunciaba por el excelente esquema de comisión que tenía. Incluso la chica que vendiera más al final del mes, se llevaba una comisión extra, y eso la motivaba para ser la más destacada de sus compañeras, la más amable con los clientes; y hasta se esmeraba mucho en su cuidado personal. El patrón ganaba más dinero, pero ellas también. (ganar-ganar). Pero debes de tener precaución, como te dije, este esquema es el mejor para vendedores pero no debe ser el mejor para tu equipo cercano de trabajo, está perfecto que los incentives con dinero, pero si el dinero es el motor de tus empleados de confianza, el dinero hará que le entreguen esa confianza a quien le pague más.

Yo te recomiendo que a tu equipo cercano de trabajo le pagues muy bien pero no le des comisiones de ningún tipo, ni por cerrar algún contrato, o haber traído un cliente grande a tu PYME. Tu gente de confianza debe estar contigo porque tienen la misma visión, valores y principios que tú, no por cuestiones económicas.

El porcentaje de comisión debe ser más alto por operaciones difíciles, y más bajo en operaciones sencillas. El porcentaje lo debes de determinar de acuerdo a la actividad económica de tu PYME. Por ejemplo, si tienes una PYME que vende accesorios de oro y fantasía para dama, puedes establecer un 6% en ventas de artículos de oro, y un 4% en el resto.

b)   **Bonos.** Al igual que la anterior el bono puede ser económico.

La mayoría de las personas llegan temprano a trabajar únicamente para recibir el bono de puntualidad a fin de mes. Pero también, y a diferencia de las comisiones, pueden ser no económico como capacitación especial o formación extra. Los bonos no siempre están condicionados como en las comisiones; mucho de ellos vienen vestidos como un regalo y sirven para aumentar en buena medida el rendimiento de toda una PYME. Como por ejemplo un viaje anual a un parque de diversiones, o día libre el día del cumpleaños.

Los bonos son buenos para todos los niveles jerárquicos de tu PYME.

c) **Reconocimiento.** Es el favorito de los empleados de confianza, pero no así del resto.

Reconoce los triunfos de quien lo merece de manera inmediata y que siempre sea en público. Si reconoces los logros en público tendrá 3 aspectos positivos. El primero es que la autoestima de la persona en cuestión, se elevará hasta el cielo y se sentirá importante para tu PYME. El segundo es que motivarás a los otros miembros del equipo a aumentar su calidad para que también los felicites en público. Y tercero, la persona que felicites se sentirá obligada a superar el nivel que tiene para no decepcionarte, y se traducirá en beneficios para tu PYME.

d) **Asensos.** Es la mejor forma de reconocer los logros y decirle a alguien cuán importante y valioso es para ti y tu PYME.

5.- Sanciones Correctivas.

Las sanciones son tan importantes para que el equipo siga funcionando como los incentivos. Lo más importante a la hora de ejecutar una sanción, es que tu equipo y empleados, conozcan de antemano las causas por las cuales pueden ser sancionados; el proceso para sancionarlos y los tipos de sanciones. Así serán completamente responsables de las consecuencias. Tu labor es ser indulgente y las sanciones se deben de aplicar sin distinción ni preferencia.

 Al aplicar una sanción, asegúrate de hacerlo en privado y de manera responsable. No sanciones al momento, espera un poco a que se te enfríe la cabeza para que trates al responsable con respeto.

Finalmente, antes de aplicar cualquier medida sancionaría, investiga a profundidad lo que pasó, para que tengas la certeza de los hechos y de las consecuencias que se tienen que generar.

Requisitos para Lograr Sociedades Duraderas

1.- Que Comparta tu Visión.

El candidato debe conocer a la perfección tu PYME y hasta dónde quieres llevarla. Es bueno que algún amigo tuyo te recomiende a un socio, pero que eso no sea la principal razón por la que lo eliges. Pregúntale acerca de sus principios y sus valores, y deben ajustarse a los tuyos.

2.- Que Tenga Capacidad no Títulos Universitarios.

Ya hemos mencionado que la mejor persona no es la que tenga más posgrados de estudio, sino la que tenga más capacidad de resolución, innovación y liderazgo. El socio o miembro del equipo debe complementar y tener lo necesario para el desarrollo de tu PYME a través de sus habilidades y conocimiento.

3.- Que sea Flexible.

Las personas cuadradas no funcionan en el mundo actual.

4.- Que le Guste Trabajar en Equipo.

Puedes hacer una dinámica reuniendo al candidato y a los demás miembros de tu equipo, pero en dicha dinámica es necesario que todos participen. Allí te darás cuenta si puede acoplarse rápidamente a las personas, si es comunicativo y tiene capacidad de liderazgo.

También puedes preguntarle lo siguiente:

¿Qué esperas de nuestra PYME?

¿Qué vas a aportar a nuestra PYME para que siga creciendo?

¿Cómo manejas las situaciones difíciles?

Para ti, ¿qué es lealtad?

¿Qué pasa si surgen imprevistos mientras estás de vacaciones?

Obviamente las respuestas deben ir ajustadas al funcionamiento de tu PYME.

Es recomendable para la selección, que el candidato pregunte algo, lo que sea, eso demostrará que tiene interés y que te está escuchando activamente. Cualesquiera que sean tus métodos para elegir un socio, lo que importante es que sea para sumar.

Tal vez la amistad y las buenas relaciones se acaben, pero lo que no se acaba es lo que queda por escrito. Firmar contratos y convenios te puede evitar muchos problemas económicos y legales.

Se muy selectivo a la hora de formar un equipo o alguna alianza estratégica con alguna otra empresa, ya que de ello depende en gran medida que tu PYME siga creciendo. E intenta tomar este tipo de decisiones con el hemisferio racional del cerebro, no con el emocional. Recuerda lo que vimos al principio de este libro, cuando dijimos que si actúas con la emoción, tendrás menos posibilidad de ver la realidad.

RESUMEN DEL CAPÍTULO

1.- El primer paso es trabajar en ti mismo, no puedes dar aquello que no tienes.

2.- Los buenos líderes saben administrar su tiempo, para obtener resultados positivos.

3.- Ayúdate con herramientas, como el tablero de control, para optimizar tus tiempos y resultados

4.- Aprender a decir que no, es parte de la inteligencia emocional de los emprendedores.

5.- No saber delegar, no sólo es un ladrón de tiempo, sino que estarás descubriendo que res un pésimo líder.

6.- Que tu equipo esté integrado por personas que compartan tu pasión, tu misión y tu visión.

7.- Lo más importante de un buen líder, es tener valores y principios, para que puedas influir positivamente en las personas.

CAPÍTULO 5

¿Cómo Debe Lucir Una Empresa?

Sin importar cuál sea el tamaño de tu empresa, siempre tiene que lucir como una empresa exitosa. Pocos emprendedores le dan la importancia que *"la apariencia de su empresa"* merece. Y si quieres que el éxito llegue a ti, tienes que actuar como si ya fueras exitoso; así que empezaremos la segunda parte de este libro, con unos tips para que tu empresa proyecte una imagen correcta.

No se trata de que gastes miles de dólares, pero sí se trata que inviertas lo necesario (recuerda los gastos necesarios) para que tu empresa parezca una empresa y, sobre todo, que brinde CONFIANZA. Y conforme avancemos en este capítulo, estaremos hablando de ello.

Imagen corporativa

La imagen corporativa es la idea que tiene la gente de una empresa antes de conocer sus productos o servicios. Está comprobado que la mayor parte de la decisión de compra de una persona, depende de la admiración, respeto y confianza que inspire una determinada compañía. La imagen corporativa son los valores sociales que tiene tu PYME y como logra conectarlos con el público, en otras palabras, la imagen corporativa son los sentimientos que tu marca provoca en los consumidores.

La imagen corporativa se fomenta a través del nombre de tu marca, el logotipo, los colores corporativos, el slogan, tu sitio web, y el tono en el que expresamos nuestras comunicaciones.

También se fomenta a través de tu línea impresa, como pueden ser los flyers, contratos, tarjetas de presentación, calendarios, uniformes de tu personal, etc., pero va más allá de los colores, porque es la esencia, la elegancia, el sentimiento conectados entre sí.

La Cara de Tu Empresa

El logotipo (como comúnmente se le conoce, ya que también existen isotipos, imagotipos, etc.) es la representación gráfica de la identidad de una marca. Imagina que tu negocio tiene una Credencial de Identificación donde aparecen todos sus datos como el nombre y domicilio, y en este caso, tu logotipo es la fotografía.

Tu logotipo tiene que identificarse con facilidad y así poderte diferenciar del resto. Mucho se habla de que tienes que tener un sitio web para que tu PYME inspire confianza a sus clientes; y que debes tener un dominio propio y un chat de contacto, etc. Pero lo que nadie te dice es que el logotipo de tu PYMES es igual de importante para inspirar confianza a tus clientes.

Imagina que estás chateando con un cliente por WhatsApp y en lugar de un logotipo en la imagen de perfil, aparece la imagen de un gato, o la última foto que te tomaste cuando fuiste de vacaciones a la playa, ¿cómo crees que se sentiría el cliente?

Si estás en sintonía, adivinarás que el cliente desconfiará de ti desde el primer momento, y he allí lo imperativo de tener un logotipo. El logotipo es la cara de tu empresa y lo que la hará *"real"* ante tus clientes.

Menos, es Más

Un buen logotipo es sencillo, es decir, no abusa de los elementos decorativos ni de la mezcla de colores.

No te recomiendo que tu logotipo tenga más de 3 colores porque...

Los Colores y el Cerebro

Los colores tienen un efecto seductor o de rechazo en el espectador por lo que una marca puede resultar muy atractiva con los colores apropiados. Por lo general, tu logotipo emplea y proyecta los colores corporativos de tu PYME.

A continuación, vamos a analizar desde el punto de vista psicológico los principales colores:

AZUL

Es el color de la simpatía, armonía, amistad y confianza, lo que lo hace ideal para casi cualquier negocio, pero en especial para centros de educación, PYMES deservicios, despachos jurídicos o profesiones especializadas y de las nuevas tecnologías porque también es el color de la inteligencia. El azul es el color favorito de todo mundo.

ROJO

Es el color del amor, de la fuerza, de la alegría, de la acción. El rojo seduce, es cálido. Es el color de la cercanía e ideal para negocios de comida y de ropa. Es el color favorito de la publicidad.

AMARILLO

Es su cara positiva es el color de la alegría, de lo radiante, del optimismo, de la madurez. Pero en su cara negativa es el color de la envidia, de advertencia, de la mentira. Lo ideal es usarlo en moderación y no acompañado de colores opacos ni oscuros.

VERDE

Color de la esperanza, de la naturaleza, de la salud y el bienestar. Es el mejor para tiendas naturistas, veganas y suplementos alimenticios. También es el color del veneno y de lo monstruoso por lo que es bien recibido en tiendas de disfraces.

NEGRO

Es el color del estatus y el poder. Es el color de la individualidad y por ende, el más utilizado por las personas jóvenes. Es el color del misterio y autoridad.

OJO! Ten cuidado en cómo utilizas el negro, ya que el mensaje que envíes al cerebro puede variar, como en la imagen que se presenta a continuación

BLANCO

Es el color de la inocencia, del bien y la perfección. Es el color de lo ligero y de la luz. Representa la salud y la sinceridad. Al contrario del negro, puede quitar fuerza si es el color predominante y no atrapa la atención. La gente prefiere leer un texto sobre una superficie blanca.

ANARANJADO

Es el color de lo exótico y de la sociabilidad; también es el más llamativo. Es un color poco apreciado porque la gente lo piensa como un color secundario, poco importante. Es el color del hambre y de lo retro.

MORADO

Es el color de la vanidad, de la fantasía y de lo teológico. Es el color de la creatividad y originalidad.

ROSA

Por lo general convierte todo en delicado. Es el color de la infancia y de lo pequeño. Simboliza encanto y amabilidad. Es el color romántico y femenino.

MARRÓN

Es el color de lo feo y desagradable. El marrón es sinónimo de necesidad, de pobreza. Es el color de lo anticuado. Y por ello debe emplearse con cautela. Sin embargo, es el color más abundante en la naturaleza, por lo que es el color de la tierra, de lo fértil, de lo rústico y de lo masculino.

GRIS

No es recomendado porque es aburrido. Es el color de la tristeza, de la vejez y la soledad. Es un color que no proyecta emociones. En general no es recomendable hacer un logotipo donde impere este color.

Palabras Seductoras

Crear un slogan para tu PYME puede ser muy buena idea porque lograrás transmitir y conectar más emociones con tus clientes. Un slogan es un llamado a la acción, es el grito de poder de tu PYME y busca que se sujete a los siguientes términos:

1.- **Es Corto y Directo**.

Que no tenga más de 7 palabras, pero que jutas sean memorables; es decir, que se entrometan en las pláticas cotidianas de las personas. Tiene que ser fácil de pronunciar y con palabras cotidianas en tu idioma. Es muy común para nosotros los latinos el espanglish pero no funcionan en un slogan simplemente porque su pronunciación puede no ser clara.

2.- Responde a los Valores de tu PYME y No al Producto o al Servicio.

Aquí es donde la mayoría falla. Procura que empiece con un verbo o imperativo como *"haz"*, *"come"*, *"vuela"*, *"sueña"*, etc., eso les dará dinamismo y acción. Tiene que expresar un lado humano, no una jerga técnica.

3.- Está dirigido a tus clientes recurrentes no a tus prospectos de clientes.

Otro gran error de los emprendedores suele ser que se obsesionan demasiado con conseguir más clientes nuevos que descuidan a los que ya tienen.

Que ya tengas un cierto número de clientes que te han comprado una o dos veces, no quiere decir que siempre van a regresar, el cliente busca nuevas emociones constantemente, y elaborar un slogan que transmita a tus clientes emociones con las que se identifiquen será muy útil para conservar la atención hacia ti. Un buen slogan tiene que hacer sentir bien a la persona que utiliza tu servicio o producto, se tiene que sentir especial y diferente del resto.

Si encuentras la combinación de las palabras seductoras correctas estarás creando una marca reconocida en poco tiempo.

Imagen corporativa virtual

Son los mensajes que proyecta tu PYME a través de agentes visuales o auditivos, que se difunden exclusivamente por la red. La imagen corporativa virtual creará una buena o mala reputación digital de ti o de tu contenido.

Para tener una buena reputación digital, necesitas que tu

logotipo, página web, contenido digital (blog, video blogs, boletines, etc.) y presencia en las redes sociales sean innovadores y atractivos. Los colores y la creatividad aquí juegan el papel de protagonistas.

Sitios Webs

Los sitios webs son todas aquellas páginas con un dominio propio que están alojadas dentro de un servidor de hosting. Y podemos encontrarlas de 2 tipos:

1.- Un sitio web en el que podemos encontrar información sobre un tema o una persona, comúnmente llamados blogs.

2.- Un sitio web en el que se puedan llevar a cabo actividades de comercio electrónico, mejor conocidas como tiendas virtuales.

Una tienda virtual da a los clientes la posibilidad de saber qué vendes, sin necesidad de ir hasta el lugar físico de tu negocio, y debe ser una réplica de una tienda física, es decir, debe de tener un merchandising digital en el que tus productos estén organizados por categorías; un método de pago y un sistema de envío.

Otro factor importante, es que las tiendas virtuales no tienen de vendedor a una persona, quien realiza las funciones del vendedor dentro de una tienda virtual es la fotografía de tu producto. Y es por eso que, la buena calidad de las fotografías de tus productos resulta crucial para ayudar a la venta. A los usuarios de las tiendas virtuales les gusta poder hacer zoom en las fotos para poder apreciar mejor los detalles y un producto debe tener más de una fotografía (desde diferentes ángulos claro), y te recomiendo también que sean sobre un fondo claro.

Como ya lo mencioné, una tienda virtual también debe de tener opción de pago digital. Puedes usar varios métodos y pasarelas de pago, como PayPal o Mercado Pago, que las personas ya los conocen y les generan confianza. Pero también puede utilizar otros métodos como pago con tarjeta de débito y crédito, o pago contra reembolso. Lo importante para el cliente, a la hora de pagar en un sitio web, es que se sienta en confianza de hacerlo.

Una buena forma de darle seguridad al cliente es a través de tu Contrato de Políticas y Condiciones de Uso, así como de tu Política de Manejo de Cookies y Daros Personales (y que además, en muchos países son legalmente obligatorios).

Si te gustaría saber más acerca de este tema y muchos más, te invito a leer mi libro *"Para Inexpertos en Marketing Digital"*.

Email Corporativo

Imagina qué pensaría un cliente, si cuando te pide tu correo electrónico, le pasas el siguiente: laboratoriomedicodeoccidente@ gmail.com

...Sí, yo también desconfiaría y buscaría otra opción.

Los correos corporativos, con un nombre de dominio propio, dan confianza y proyectan una imagen profesional de tu empresa a tus clientes.

Mi consejo es: si ya tienes clientes, contrata un correo corporativo, aunque no tengas página web.

RESUMEN DEL CAPÍTULO

Cosas que dan confianza a tus clientes y que son parte fundamental de toda empresa exitosa:

1.- Logotipo

2.- Sitio web

3.- Correos corporativos

Y finalmente:

Un slogan es una buena estrategia para conectar emocionalmente con tus clientes.

CAPÍTULO 6

Conociendo al Consumidor

¿Ya tienes determinado un público objetivo?

¿Ya sabes que es lo que tu público objetivo necesita?

Pues en nuevo capítulo, vamos a dar respuesta a todas esas preguntas.

Lo primero es determinar lo que vas a vender y a quién. La rentabilidad de cualquier negocio empieza en su producto y en su público objetivo, es decir, desde su origen. Cuando alguna PYME me contrata para ayudar a mejorar su rentabilidad, lo primero que investigo es su producto o servicio y quién es el público objetivo, y casi siempre, si algo anda mal con los negocios, el mal está desde su origen.

Existen negocios que parecen muy rentables porque el cerebro cree que son indispensables y que todo mundo siempre va a comprarlos, como una papelería, por ejemplo. La gente piensa que una papelería puede vender durante todo el año, pero lo que pocos saben es que este tipo de negocio vive de las fotocopias, y entonces, para que se transforme en un negocio *"rentable"* se necesita que esté cerca de un centro educativo, o de alguna oficina gubernamental. Otra idea errónea que la gente tiene, es poner una tienda de abarrotes, porque piensan que toda la gente siempre acude a una para surtir su despensa; sin embargo, este negocio es más complicado que el anterior ya que debes de investigar bien el área en la que deseas abrir la tienda; y estar consciente que los productos como panecillos, frituras o refrescos te dejarán una ganancia de centavos, por lo que si tienes una tienda de abarrotes tendrías que recurrir a complementarla con venta de lácteos, frutas verduras, pan bolillo, etc. Y a esta práctica se le conoce como venta cruzada, que suele ser muy efectiva para la mayoría de los negocios. Otra cuestión a tomar en cuenta es que la mayoría de la gente acude a la tienda de la esquina para comprar cosas pequeñas y secundarias, como leche o pan, no para surtir la lista completa del supermercado.

Así que entender la forma en que piensa tu cliente y la forma en que opera tu negocio es el punto medular de toda empresa exitosa. Hasta hace algunos años, las empresas lanzaban un producto al mercado esperando que alguien lo comprara, si tenía aceptación, la empresa tenía posibilidades de sobrevivir; de lo contrario, tenía que reestructurarse o prepararse para fracasar. Hoy las cosas han cambiado, ahora las empresas tienen la posibilidad de crear productos a la medida del cliente, o dicho en otras palabras, productos para cubrir una necesidad específica.

Los productos que son para todo el mundo ya existen; como por ejemplo, los refrigeradores, o las estufas, por lo que el primer paso es averiguar quién tiene un problema o una necesidad que requiera una solución, y a partir de allí, crear un producto o servicio. No al revés.

Te podría decir que el 50% de mis clientes no saben quién es su público objetivo y la verdad no tengo idea de cómo pensaban sobrevivir. Y después muchas PYMES están sufriendo por falta de ventas porque es un hecho que las ventas van a ir mal si no sabes a quién le vas a vender.

Vender sin tener un público objetivo es como intentar anotar una pelota de básquet en una canasta que no sabemos dónde está y con los ojos vendados. Probablemente estés pensando en este momento; "Héctor, cómo puedes decir eso, si yo tengo la idea de un producto revolucionario que cambiará la vida de todas las personas". Y lo que te puedo contestar es que es válido pensar en productos sin saber quién los va a comprar, siempre y cuando hagas la investigación correspondiente antes de empezar a diseñarlo.

Podrías preguntarte, ¿quién compraría lo que voy a vender? Pero contéstate esa pregunta, recordando que no todo es para todos; así que, lo que tienes que hacer primero es una segmentación de mercado y determinar a tu público objetivo, es decir, quién te comprará.

Para ayudarte a identificar a tu cliente ideal, tendrás que empezar por definir qué necesidad va a cubrir tu producto o qué mal va a curar, —todo producto o servicio tiene que ir dirigido a esas vertientes. De nada sirve tener el mejor producto del mundo, si no hay nadie que tenga la necesidad de él; de nada sirve si no da felicidad a quien lo adquiere.

Vamos a ver un ejemplo:

SERVICIO	MAL/NECESIDAD	SOLUCIÓN
SERVICIO DE STREAMING DE NETFLIX	-El usuario no tiene la libertad de elegir lo que ve, cuando y a qué hora -Si el usuario desea ver una película, tiene que salir de casa para conseguirlo, y sufrir todo lo que ello implica (tráfico, hacer fila, etc.) -El costo que tiene ver una película en el cine es muy alto en familias de más de 4 integrantes.	-El usuario es libre de elegir lo que ve. -El usuario decide cuándo, dónde y a qué hora desea ver el contenido. -El pago es a cargo de una tarjeta de crédito o débito que el usuario ingresa al registrarse, el cual se hace de forma automática -El usuario no tiene que salir de casa para tener un rato de entretenimiento.

Al identificar el mal o la necesidad que tu producto o servicio cura, te será más fácil determinar tus clientes, en el ejemplo anterior, el cliente ideal de Netflix es una persona que le gusten ver películas en casa, y que tenga la posibilidad económica de pagar por ello.

El otro punto importante a la hora de determinar un público objetivo, es la segmentación del mercado, o dicho en otras palabras, a dónde va dirigido tu producto o servicio; es un lugar geográfico específico, con clientes con un rango de edad determinado, con determinados intereses, etc.

Avatar del Cliente Ideal

Si conoces a tu cliente ideal, cliente potencial, público objetivo, o como quieras llamarle, podrás hacer que lleguen a tu PYME de manera constante y cualificada, es decir, clientes con intención de comprar lo que vendes, y no sólo para que te digan *"gracias, sólo estoy viendo".*

El avatar de cliente ideal es como hacer el perfil del chico o la chica de tus sueños, es decir, qué características físicas, sociales, demográficas, económicas (porque lo eso siempre es importante) debe tener, pero con la diferencia que será dirigido al cliente que le quieres vender.

A continuación, vamos a definir los puntos que integran el Avatar de Cliente Ideal:

a) **Características físicas**. Qué edad tiene tu cliente. Su color de ojos, de piel, de cabello. Es hombre o mujer. Es delgado, promedio o con sobrepeso.

b) **Características sociales**. Estado civil. Valores. Creencias. Quiénes son sus amigos, quiénes son sus compañeros de trabajo.

c) **Características geográficas**. Dónde vive.

d) **Características económicas**. Dónde trabaja. Es profesionista, Obrero, técnico, etc. Cuánto gana. En qué gasta.

Una vez que hemos definido las características vamos a analizar el siguiente ejemplo:

Mi negocio: Hunk´s Gym

Como el nombre lo indica es un gimnasio, y el avatar que vamos a crear es de un tipo llamado Luis que pidió informes de una campaña publicitaria que hicimos en Facebook, y le pedimos que llenara un pequeño formulario a cambio de un descuento en su primer pago mensual.

Nombre: Luis

Género: Hombre

Edad: 35

Cabello/ojos/piel: negro, negros, caucásico.

Complexión: robusta

Intereses: videojuegos, bares, comida rápida

Ciudad: Ciudad de México

Mal/Necesidad: Tiene sobrepeso

Te estarás preguntado, de dónde logramos conseguir tantos datos, primero, fue del formulario que Luis nos llenó, y segundo, de los datos recabados por Facebook Ads y Google Analitycs.

Objetivo de Luis: bajar de peso

Quién es Luis: trabaja en una oficina, de 8am a 7pm y de lunes a viernes Está casado y tiene una hija de 4 años. Sus fines de semana los pasa frente a un televisor jugando videojuegos. Ama ir a un restaurante de comida rápida que está cerca de su casa. En ocasiones sale con sus amigos a un bar que está en el centro de la ciudad.

Problema/miedo/necesidad: Hace unas semanas le detectaron diabetes. Estuvo hospitalizado.

Qué requiere cambiar/mejorar/implementar: el doctor recomendó que hiciera ejercicio. Luis busca un gimnasio cerca de su trabajo.

En qué puede ayudar Hunk´s Gym: tiene instalaciones cerca del área donde trabaja Luis. Tiene entrenadores calificados para personas con su condición. Tiene un nutriólogo certificado, que puede ayudar con la dieta que Luis necesita. El gimnasio tiene área de pesas, de cardio y regaderas. La membrecía y mensualidad es accesible al sueldo de Luis.

La intención del avatar es que tengas un cliente real, que sepas lo que le interesa, lo que busca, lo que compra y lo que comparte, y así puedas tener un producto que se ajuste a esa necesidad o que cure su malestar.

Pero el asunto no para allí, el secreto para que funcione, es que tú tienes que hacerle saber el avatar que lo conoces y que tienes lo que está buscando.

 Si tienes varios productos lo ideal es que

también tengas varias segmentaciones de mercado conformadas por un conjunto de avatares que compartan ciertas características estratégicas.

Conoce a tu Cliente/Consumidor

Es vital para toda empresa conocer de arriba abajo, a su cliente/consumidor ya que esté conocimiento le ayudará a determinar la viabilidad de los productos o servicios que ofrece.

El cliente/consumidor es aquel que va a tu establecimiento a comparar tu producto, pero también lo consume. Sin embargo, habrá ocasiones que sólo vayan a tu tienda clientes, es decir, compradores que no consumen tu producto; por ejemplo, en el caso de la comida para bebé, la madre es quien suele comprar el producto, pero quien lo consume es su hijo.

La mayoría de las PYMES sólo se preocupan por el cliente y no por el consumidor, y en parte tienen razón, porque el cliente es quien va a tu tienda, el cliente es quien aprovecha tu oferta, el cliente es quien regresa si se le dio un buen servicio; el cliente es quien te va a entregar su dinero. Sin embargo, como te comenté, no siempre tus clientes van a consumir lo que te compran, y es por eso que también los consumidores deben formar parte de tus estrategias de venta.

Los consumidores por su parte, serán quienes aprueben o desaprueben tus productos. Pongamos un ejemplo: si una madre compró un desodorante para su hijo, y a su hijo no le dio la felicidad que prometía; la madre simplemente no va a volver a comprar ese producto, porque su hijo así lo va a decidir. ¿A qué voy con todo esto? A que tienes que determinar si tu producto es para un cliente/consumidor o para un cliente, porque la forma de llegar a ellos es distinta.

Si tu producto es para un consumidor distinto a quién lo compra, tu estrategia de marketing y tu servicio al cliente, debe ir dirigido a ese consumidor; debes motivarlo a que siga consumiendo tu producto, tomando en cuenta que esa persona no pude vivir la experiencia de ir personalmente a tu tienda, por lo que tienes que llevar la experiencia de compra hasta donde se encuentre. Puedes utilizar las redes sociales, email marketing o promociones digitales para ello. Si deseas saber más acerca del tema, te recomiendo mi libro *"Para Inexpertos en Marketing Digital"*.

Sin embargo, el 91% de los compradores con poder adquisitivo, también son consumidores. A nuestro cerebro nos gusta hacer nuestras propias compras, porque ama todo el proceso, desde ver una oferta y llenarnos de dopamina, hasta sentir el producto con nuestras manos antes de comprarlo, sobre todo, si se trata de ropa o calzado.

Entonces pues, tu deber como dueño de un negocio, es saber quién te compra y quién consume, y debes de crear una experiencia memorable tanto dentro de tu tienda como fuera de ella., porque lo único seguro, es que un mal servicio dentro de tu tienda o un producto defectuoso te hará perder a un cliente o a un consumidor, o a ambos.

En las siguientes páginas hablaremos de las necesidades, motivaciones, comportamientos y actitudes de los consumidores. Y su principal objetivo es que tú tengas una percepción más amplia de tu consumidor, pero también de tus clientes.

Necesidades y motivaciones de los consumidores

Todo producto que compramos es gracias a dos procesos que pasan dentro de nuestro cerebro: la necesidad y la motivación.

Las motivaciones son fuerzas psicológicas que impulsan a la persona a adquirir determinado producto. Estas fuerzas no son espontáneas, surgen de las necesidades y de los deseos personales de cada individuo. Lo que quiere decir que las motivaciones no son las mismas para todas las personas.

Las necesidades por su parte, son carencias físicas o psíquicas que motivan a adquirir determinado producto o servicio. Por ejemplo: si tú tienes sed, tienes la necesidad de tomar agua; y esa necesidad te motiva a comprarla. O dicho en otras palabras, si por alguna extraña razón tu cuerpo no necesitara tomar agua, no tendrías ninguna motivación para comprarla.

Las necesidades hacen que nuestro cerebro caiga en un estado de angustia y ansiedad, y es por eso que buscamos satisfacerlas en el menor tiempo posible. Cuando nuestras necesidades son expresadas y decimos "voy a comprar determinado producto", entonces surge el deseo.

Por ejemplo, hoy en día todos somos nomófobos, y si por alguna razón, pierdes el celular, inmediatamente una inmensa angustia y ansiedad se apodera de tu cerebro y buscarás comprar otro celular en el menor tiempo posible. Mientras más sientas que necesites un producto o servicio, el deseo por tenerlo es más grande.

Y aquí está el verdadero reto para todos los que somos emprendedores: "Hacer que nuestros productos/servicios sean imprescindibles para nuestros clientes"

Como dueño de un negocio, debes de conocer las necesidades y motivaciones de compra de los consumidores, así como los factores externos que influyen en dichas motivaciones, y que explicaremos un poco más adelante. El siguiente paso entonces, es determinar <u>qué tipo de necesidad cubre tu producto</u> para el consumidor; una vez que lo hagas podrás establecer la mejor estrategia para llegar a él.

Si hablamos de necesidades, primero están las necesidades primordiales, que son aquellas que el consumidor necesita para vivir. Como los alimentos, un hogar, servicios de salud, servicios de agua potable, utensilios de higiene personal, etc. Ambos tipos de necesidades nunca podrán ser satisfechas.

Las necesidades primordiales, pueden estar influidas por los factores socioculturales y psicológicos en el que se desenvuelva el consumidor, por ejemplo, la necesidad de vivienda no va a ser la misma para una persona que tiene un salario de $10,000 pesos mensuales a una que sus ingresos ascienden a $30,000 pesos mensuales. Ambas personas necesitan un lugar donde vivir, pero la necesidad en su cerebro es distinta, y la persona que gana $30,000 pesos tendrán la necesidad de una casa más amplia, con más comodidades y en una zona con una plusvalía elevada, –y es por eso que determinar el nivel económico de nuestro Avatar de Cliente Ideal es tan relevante.

El consumidor, hará casi cualquier cosa por satisfacer sus necesidades primordiales. Por ejemplo, si tú necesitas un par de zapatos, de inmediato buscarás la forma de conseguirlos, simplemente porque no puedes andar descalzo por las calles porque te puede causar alguna lesión.

Ahora bien, como regla general la ropa también es una necesidad primordial porque no podemos andar desnudos por todos lados, sin embargo, todo depende del tipo del consumidor, por ejemplo: si tus jeans ya están un poco viejos, podrás decir "aguantan un poco más" y puede que no los compres con urgencia, pero en cambio, un adolescente necesita ropa nueva más que comida, su cerebro lo hace tener rankeadas sus necesidades de forma distinta, y es por eso que para él, tener unos jeans nuevos es una necesidad primordial. Y la razón es simple, el adolescente se está haciendo un lugar en el mundo; busca encajar en determinado grupo social y necesita la aprobación total de ese grupo.

Las personas siempre estarán satisfaciendo sus necesidades primordiales porque son aquellas que los mantendrán con vida, saludables y con la aprobación social.

Lo bueno

Lo bueno de este tipo de necesidades es que no requieren una gran labor de convencimiento para que el consumidor compre. Yo sé que si no como me puedo morir; tú sabes que si vas al gimnasio la sociedad te volteará a ver por al gran cuerpazo que tendrás.

Lo malo

Los alimentos, la ropa, el calzado, el agua embotellada, y en general todas las necesidades primordiales son muy abundantes en el mercado, y se tiene que hacer una estrategia de ventas y una propuesta de valor verdaderamente relevante para sobre salir entre tantos.

El segundo tipo de necesidades son las de conveniencia, y son aquellas que el consumidor satisface con compras de urgencia o por antojo. La principal característica es que el consumidor las requiere en un momento concreto y su compra puede ser disyuntiva, es decir, "o compra esto, o aquello" o "compra esto y aquello".

Por ejemplo: se te antoja un refresco de cola, y vas a la tienda de la esquina. Al llegar te percatas que no hay de tu marca favorita, así que con una mueca en la cara, tomas el refresco de cola de su competencia. Al no ser una necesidad primordial, no te importa demasiado comprar uno o el otro.

Y aquí también es donde cobra importancia tener un amplio abanico de productos, ya que no sólo es para darle al consumidor la oportunidad de "elegir" y que se sienta satisfecho con su compra, sino también para estar presente a la hora que tu consumidor quiera satisfacer una necesidad, aunque tú no seas su proveedor favorito.

La principal diferencia entre las necesidades primordiales y las de conveniencia, es el grado de urgencia. Si no te suministras el medicamento que te recetó el doctor tienes el miedo de morir, pero si no te compras hoy tu pastelillo favorito, lo podrás hacer mañana sin problema, pero recuerda que la clasificación de ambas necesidades depende del Avatar de Cliente Ideal.

Cabe señalar, que las necesidades de conveniencia son influidas totalmente por los factores socioculturales y psicológicos de los consumidores. Por lo que este tipo de necesidades no serán las mismas en la Ciudad de México, México, que en la ciudad de Guadalajara, México.

Lo bueno

Los productos de conveniencia pueden ser infinitos y los posibles consumidores pueden ser muchos.

Lo malo

Al ser un producto específico, las necesidades de conveniencia pueden causar muchos dolores de cabeza a los empresarios si no tienen el avatar correcto del cliente. Pero lo más difícil de estas necesidades es tener la estrategia correcta para estar allí, a cualquier hora que el consumidor lo requiera.

Las necesidades humanas van cambiando con la evolución física y psíquica de las personas, y es por eso que tienes que estar atento a las tendencias que se van presentando día con día en el mundo de los negocios y en el comportamiento de las sociedades; porque lo que hace un lustro era una necesidad de conveniencia ahora no lo es, lo que hoy es una necesidad primordial, puede que mañana ya no lo sea. Lo único seguro es que las necesidades nunca son completamente satisfechas y por ende, las personas siempre vamos a querer algo más; por ejemplo, si ya tengo un paquete de televisión digital es probable que voy a querer después un paquete de televisión digital más telefonía; y después televisión, telefonía e internet; y así sucesivamente porque nuestro cerebro nunca quedará satisfecho. Y los grandes empresarios lo saben, así que constantemente están trabajando para que su producto o servicio mejore; no se conforman con haber tenido un producto exitoso, quieren que ese producto siga siendo exitoso en el cerebro de los consumidores por mucho tiempo; y la única forma de lograrlo es buscando satisfacer las necesidades de los consumidores con innovaciones.

Identificar las necesidades del consumidor es la base para la subsistencia y crecimiento de todas las PYMES de Latinoamérica y del mundo entero; si lo haces de forma efectiva aumentarás tu rentabilidad al tener una propuesta de valor poderosa y podrás sobresalir de tu competidor. Tu objetivo deberá ser cubrir una necesidad, solucionar un problema, curar un mal, pero no vender un producto. Si vendes accesorios para computadoras, vende "mejores experiencias para disfrutar el mundo digital". Si vendes productos de salud, vende "razones para disfrutar la vida". Etc. Etc. Etc.

¿Qué Motiva al Consumidor a Comprar?

Como ya lo mencionamos, las necesidades son las que detonarán las motivaciones de compra dentro del cerebro, y estas necesidades a su vez, se determinan por aspectos psicológicos y por aspectos sociales. Nuestro cerebro es como una esponja que va absorbiendo conocimiento del entorno en el que nos vamos desarrollando, y a medida que vamos creciendo, inconscientemente, adquirimos las necesidades de los demás y las hacemos nuestras.

Si te pones a pensar en tus hábitos de compra, encontrarás que muchas de las cosas que hay en tu hogar, por ejemplo, son productos que usa tu madre, y si no son iguales, al menos son muy parecidos. Y tu madre aprendió a comprar de tu abuela, y así la cadena puede regresar hasta el principio de los tiempos. Si te pregunto por las aplicaciones que tienes instaladas en tu teléfono celular, seguramente me dirás que la mayoría de ellas te las recomendó un amigo, un familiar, o simplemente escuchaste que la gente empezaba a hablar de ellas. Todo lo que nos motiva a comprar, es por influencia que aprendimos de los demás.

Las motivaciones del consumidor las podríamos dividir en 3 grupos: motivación obligatoria, ególatra y de persuasión.

1.- Motivación Obligatoria.

Como su nombre lo indica, son aquellas compras que el consumidor hace en contra de su voluntad, es decir, que si por él fuera, no las compraría. El mejor ejemplo de esto son los gastos que hacen los padres de familia cada inicio de ciclo escolar. Los padres no quieren comprar mochilas, útiles ni uniformes, pero lo tienen que hacer porque no es una motivación opcional.

Otro gran ejemplo, en el caso de la Ciudad de México, es llevar el coche al taller cada 6 meses para que pase la verificación y no te multen. Ninguna persona quiere ir al taller y pagar una gran cantidad de dinero y desperdiciar varias horas del día allí, pero tiene que hacerlo.

Por lo general, la gente no es feliz cuando paga por las cosas o servicios que están dentro de las motivaciones obligatorias. El comprador se estresa fácilmente y puede ver al vendedor como un enemigo que se enriquece a su costa –como en el caso del mecánico–. El secreto para reducir esa percepción del comprador es tener un excelente servicio al cliente. No podrás hacer que el cerebro del consumidor deje de ver este tipo de motivación como algo desagradable, pero sí puedes hacer que sienta justificado su gasto. Por ejemplo, puedes decirle que los útiles escolares que le compró a su hijo son de gran calidad y le durarán mucho tiempo; también puedes darle algunos tips para que reduzcan la posibilidad de que sus hijos los pierdan.

Si vendes motivaciones obligatorias, ya te habrás dado cuenta que son periódicas, y a veces ese lapso de tiempo puede ser muy largo. Lo recomendable es tener una gran variedad de productos y –si eres fabricante– apostar por la obsolescencia planificada.

2.- Motivación Ególatra.

Es la principal motivación de los consumidores, ya que la gran mayoría de ellas, se resumen en una sola cosa: ego.

Cuando un consumidor tiene la posibilidad económica de comprar un producto de diseñador o de una marca reconocida, no lo hace porque sea de mejor calidad, lo hace por el prestigio social que despierta usar una playera. Vamos a poner un ejemplo, una persona que es apasionada del fútbol –y que seguramente su equipo de fútbol favorito es el mismo al que le iba su padre–, no tiene ninguna demora en pagar al menos 100 dólares por la playera de ese equipo favorito. En esta compra imperan 2 factores, el primero que es la pasión heredada por el fútbol, y en segundo, el prestigio que da traer una playera de 100 dólares. La gente que compra ropa cara quiere que todo mundo la vea y que admiren su capacidad económica.

A la gente le gusta comprar en tiendas de prestigio sólo por la sensación de superioridad que le da caminar por todo el centro comercial con una bolsa de papel en la mano estampada con un logotipo muy conocido. ¡Y sin importar que ese mismo producto esté más barato en otros lados!

Recuerda que: al consumidor le gusta y prefiere comprar algo caro y reconocido

Te voy a dar otro ejemplo, imagina que deseas comprar un nuevo celular, tu presupuesto es de 150 dólares. Cuando llegas a la tienda, ves que hay muy buenos equipos, pero a precios muy elevados, y entonces el vendedor te empieza a hablar de todas las maravillas que puedes hacer con un celular de 300 dólares. Tú razón te dice que sólo puedes gastar 150 dólares, pero tu ego te dirá que te mereces ese celular de 300. Al final decides comprar el celular de 300 dólares y regresas a casa muy feliz porque acabas de comprar un teléfono celular de última generación con el que podrás tomarte selfies frente al espejo para que se vea la marca del celular que te costó tanto. Esto también se le conoce en el mundo de las neuroventas como hacer racional una compra.

Las marcas reconocidas siempre van a jugar un papel muy importante dentro del cerebro por el prestigio social que dan. La gente se siente elegante cuando compra algún producto costoso y el cerebro se siente extremadamente eufórico.

Con lo anterior no quiero decir que la calidad no sea importante, de hecho, es de las cosas más importantes para el consumidor, pero al pagar por algo caro, la calidad viene ligada de manera innata.

En la mente del consumidor: Costoso = Calidad

Yo siempre recomiendo que tu calidad debe estar en sincronía con el precio, pero este no debe de ser inferior al del mercado promedio, y aquí el arquetipo del cliente cobra mucha relevancia, porque un profesionista que tiene un nivel económico medio a alto, será quien pueda comprar productos de lujo; pero para consumidores de un nivel económico inferior, los productos más económicos serán los más indicados. Muchas de las marcas con reconocimiento mundial, tienen otra marca de inferior precio pero con igual o mayor reconocimiento. Estas marcas van dirigidas a consumidores que quieren vestirse bien, o mejor dicho, que quieren tener el reconocimiento social, pero no pueden pagar por una marca de lujo.

Hace varios años, cuando BMW lanzó su coche 120i, creyó que tenía un nuevo mercado ganado porque este coche es el más económico de todos sus modelos, y la marca pensó que al bajar el precio, más personas podrían acceder a él, y se sentirían más que felices porque conducirían un coche BMW. Y la realidad es que fue así, sin embargo, hubo algo que ellos nunca se pusieron a pensar, y fue en qué reacción tendrían los consumidores habituales de su marca al saber que "cualquier persona" podría traer un coche como el de ellos. No hay necesidad de ser un genio para adivinar que por supuesto los consumidores habituales de BMW no estuvieron nada contentos con ese lanzamiento, porque BMW les estaba quitando parte de ese poder de superioridad, parte de ser especial y saber que no cualquiera puede ser como ellos.

Los productos caros, son populares por las emociones que hacen sentir al cerebro de sus consumidores; si deseas llegar a un consumidor con alto nivel adquisitivo, entonces dales prestigio y reconocimiento social.

No obstante, la mayoría de los propietarios de las PYMES tienen miedo de vender sus productos a precios caros, y apuesto a que tú en más de una ocasión has pensado en subir el precio de lo que sea que vendes, pero no lo haces por el miedo que te provoca aumentar el precio y que bajen tus ventas; así que terminas resignándote y vendes a un precio regular, o por debajo de lo regular.

¿Sabes por qué tienes miedo de vender a un precio alto? Por 2 razones principales: porque mentalmente no estás preparada para ello. Te enseñaron que los ricos son malos e inalcanzables; te enseñaron que tu mundo no es el de la gente con dinero, y allí está tú error. El fracaso nace en el cerebro y tú mismo pones tus limitaciones.

En América Latina el 36% de la población pertenece a la clase vulnerable y de pocos recursos, pero eso quiere decir, que el 64% de las personas latinas pueden pagar bien, por un servicio de calidad y que satisfaga sus necesidades. Confía que eres una persona de valor para que puedas crear valor en lo que haces. No busques atraer al cliente por lo barato que te vendes, si no por tener una propuesta de valor relevante, y que cree valor a tu consumidor.

La otra razón por la que tienes miedo es porque no tienes un avatar de cliente ideal. Si deseas vender productos caros, tienes que venderles a las personas que están dispuestos a pagar esos precios; créeme que existen y son más fáciles de llegar a ellos de lo que te imaginas. No te conformes con vender 100 productos de 10 pesos cuando puedes vender 10 a 100 pesos.

No busques clientes que te pregunten *"¿cuánto es lo menos?"* mejor busca clientes que te pregunten "¿con esto me van a voltear a ver? Alimenta el ego de la gente y ellos llenarán tus bolsillos.

Además, te voy a dar un consejo que he aprendido a lo largo de mi proceso de emprendimiento: los clientes que quieren comprar barato, son los que más exigen. Cuando mi empresa iniciaba en el mundo del desarrollo web, iniciamos con la estrategia de vender sitios web a precios ridículos, y sí tuvimos ventas, pero los clientes que también obtuvimos eran muy exigentes.

Poco después, doblamos nuestros precios, ¿el resultado? Más ventas y clientes más felices.

Recuerda que el cerebro asocia la calidad con el precio, si paga un pecio que considera alto, la calidad vendrá tatuada en tu producto y/o servicio, y el cliente estará más conforme con ello.

De la Moda lo que te Acomoda

La moda es otro factor importante para inflar el ego. Creemos que los jóvenes son más vulnerables a las garras de las modas, pero no es así. Todos a cualquier edad somos presa fácil de las tendencias, sólo hay que poner lo productos indicados en las manos indicadas.

Los jóvenes suelen ser los más influenciables por las prendas de moda y por tanto, son de los mejores clientes. Si prestas atención en la sección para adolescentes y jóvenes de los centros comerciales, siempre suele ser la más extensa en las marcas de ropa. Si hablamos de zapatos, aquí ellas se llevan el primer lugar; las marcas de zapatos crean calzado para mujeres principalmente. Mientras que los teléfonos celulares y los autos están diseñados para hombres. Todo en la moda tiene un público objetivo, tú trabajo es conocerlo y darle lo que desea.

A todos nos gusta presumir nuestros triunfos a través de las cosas materiales; y las modas no son otra cosa más que la posibilidad de justificar a nuestro ego.

 No es lo mismo tener un negocio que esté atento en las modas y tendencias para tener satisfecho al consumidor en todo momento, que tener un negocio que está de moda. Las características de las modas, es que son pasajeras y si tu negocio se basa en una, lamento decirte que tiene los días contados. Si no me crees, pregúntate dónde están los gimnasios de aerobics o de spinning.

El Dinero es la Felicidad

Aunque muchos me van a odiar por lo que voy a decir: *"el dinero sí da la felicidad".* Comprar sí te hace más feliz.

Cuando vamos de compras, sentimos un placer muy similar al de la felicidad. Sociológicamente la cantidad de felicidad de una persona depende de su posibilidad de comprar. Entonces pues, si estamos tristes, para nuestro cerebro, la mejor cura para esa tristeza es ir de compras, eso le ayudará a olvidar momentáneamente la situación que origina su aflicción.

Y sin duda, las marcas son las más beneficiadas por ello. La tristeza hace que el consumidor haga compras impulsivas y gaste más dinero de lo habitual. Y por lo general, esos gastos son invertidos en necesidades de conveniencia y cosas que en realidad no necesita, por el simple hecho que los hacen felices.

Sin importar qué sea lo que vendas, tu producto siempre debe estar encaminado a dar una sola cosa a tus clientes: felicidad.

Todo lo que compramos y consumimos es sólo para una cosa: "ser felices". Nuestro cerebro siempre está en busca de la felicidad porque también es lo que te ha enseñado la sociedad. La sociedad te dice que no puedes levantarte un día desanimado; te dice que es tu obligación es tener éxito; la sociedad elige los estándares que debes de seguir para ser una persona realizada; la sociedad te obliga a que tienes que ser feliz.

Y es por eso que todo lo que compramos es para alcanzar esa deseada felicidad. <u>Si un producto no le da felicidad a los consumidores, fracasará más temprano que tarde.</u> Pregúntate, si yo comprara mi producto, ¿cómo me sintiera?

Factores que Influyen en el Estado del Ánimo del Consumidor

La mayoría de las personas no nos conocemos interiormente; y no sabemos cómo nos sentimos cuando por ejemplo, estamos enojados, felices o nerviosos, y todo porque son sentimientos que experimentamos desde niños y al crecer, las normalizamos de tal manera que forman parte de nuestro inconsciente.

Hay personas que dicen que las mentiras las hacen enojar, pero si eso fuera cierto, entonces buscarían un remedio para no enojarse. Serían conscientes de lo que origina el malestar y buscarían su remedio. Pero la realidad es que no es así, incluso es probable que ni siquiera se sientan enojados, puede ser que se sientan decepcionados, pero lo confunden con el enojo porque no se conocen realmente. Si tú como empresario conoces esta premisa, entonces tendrás más oportunidad de llegar al consumidor.

Al no ser consciente de nuestros sentimientos nuestras elecciones como consumidores están influidas por la llamada *"heurística del afecto"*. La mayoría de los consumidores eligen aquellos productos que les generan un sentimiento positivo y rechazan aquellos que no les gustan.

Los principios heurísticos son programaciones inconscientes en nuestro cerebro para evitar que tenga una sobrecarga de información. Y son cruciales para la toma de decisiones.

La heurística también es conocida como "atajos mentales" porque es una forma en la que nuestro cerebro da una respuesta automática a determinadas situaciones. Por ejemplo, un principio heurístico es "lo bonito es confiable" y a la inversa entonces sería "lo feo es malo". Imagina que tú vas caminando en la noche, por una calle oscura y desolada, cuando de pronto ves a un hombre misterioso que se acerca a ti con paso presuroso. Ves que el hombre tiene las manos en los bolsillos como si escondiera algo. El hombre lleva puesta una sudadera y con el gorro lleva cubierta su cabeza. Ya está muy cerca de ti, y de pronto saca las manos de sus bolsillos. ¿Cómo reaccionarías?

Ahora imagina esta situación: vas caminando de día por una calle desolada, de pronto ves que se acerca se acerca la persona de tus sueños, es muy atractiva. Se va acercando y ves que tiene un buen cuerpo que luce mucho en su ropa entallada. Camina más hacia ti, y te das cuenta que es más guapo (a) de lo que pensabas. ¿Cómo reaccionarías?

En el primer ejemplo, es probable que sintieras mucho miedo porque en tu cerebro lo *"feo es malo"* y al ser un hombre desconocido, de noche, y en lugar solitarios, lo *"feo"* se multiplica y es probable que te eches a correr. Pero en cambio, en el segundo ejemplo, a pesar de que también se trata de un desconocido, para tu cerebro ese desconocido (a) resulta muy guapo (a) por lo que *"lo bonito será bueno"* y en vez de correr, querrás averiguar su número de teléfono. A esto se le llama sesgo cognitivo.

Y son esos mismos sesgos cognitivos son los que utiliza el consumidor a la hora de comprar un producto, es decir, busca asociar una emoción para tener una reacción.

El consumidor asocia productos con emociones todo el tiempo y a este fenómeno se le conoce como *"memoria congruente con el estado de ánimo"*. Por ejemplo, por lo regular la playa nos trae buenos recuerdos porque la asociamos con el descanso y con la familia, y es por eso que esa locación o sus colores asociados, aparecen en mucha publicidad de las grandes marcas, porque buscan darnos buenas emociones a través de esas imágenes o los colores cálidos.

Si un producto le da al cerebro del consumidor buenos recuerdos, entonces lo seguirá comprando, y cómo puedes darles buenos recuerdos a los consumidores, pues muy fácil, con un buen servicio al cliente, con un producto que cumpla sus expectativas, con un producto que se vea bonito; con un producto que le dé felicidad.

Las emociones entonces, no sólo van a determinar lo que deseo comprar en un momento determinado, sino también, si lo seguiré comprando posteriormente.

Las emociones también determinan el tipo de clientes que pudieran entrar a nuestro negocio y tu labor como empresario, es descubrir esas emociones; el estado de ánimo del cliente en ese momento y tratarlo con forme a.

Conocer a los clientes, también te ayudará a mejorar la clase de servicio que le brindas.

Tipología de los Clientes

A continuación, vamos a mencionar algunos de los tipos de clientes más comunes que pueden entrar a tu negocio; recuerda que cada cliente es único y la siguiente información sólo es una guía para que tú y tus vendedores tengan información de preparación y no se vaya a ir un cliente de tu negocio porque no supiste atenderlo de la forma que su cerebro necesitaba en ese momento.

Tipo de cliente:

El indeciso

Es uno de los clientes más comunes, y quién no se ha encontrado al típico cliente que entra a tu tienda, merodea por los pasillos y después de preguntar el precio de algo que le gustó, te dice *"ahorita de paso regreso"* ... y jamás regresa.

Este tipo de clientes son difíciles porque no saben qué es lo que desean comprar y están buscando a un vendedor que los motive a comprar. Y por lo regular se dejan guiar por las opciones más económicas.

Características: Cliente tiene muchas dudas con respecto al producto o servicio que desea comprar. Su cerebro necesita abundante información en el punto de venta para evaluar diferentes alternativas. Puede sentirse inseguro por pensar que puede cometer errores en la compra y luego arrepentirse. La compra le lleva más tiempo que a otros clientes. En ocasiones, prefiere salir del establecimiento para consultar otras ofertas de la competencia o valorar mejor la información recibida.

Manera de atenderle: Es un cliente lento (en cuanto a su decisión de compra) por lo que no se le debe de presionar ni apurar. Debes mostrarle, por lo menos, 3 productos distintos, resaltando los beneficios que le dan, pero sobre todo, el precio. Resume para él o ella las características más importantes en diferentes ocasiones.

Errores a evitar: No le hagas creer que su indecisión es algo extraña dado el producto que ofrecemos es buenísimo y todo mundo lo quiere comprar. Dale su espacio y no estés junto a él durante la toma de decisiones. No permitas, en ningún momento que la conversación decaiga.

Tipo de Cliente:

El silencioso

Otro tipo de cliente y que asusta cuando entra a tu tienda, es el que le dices *"bienvenido, estamos para servirle"* y él o ella no te responden nada.

Sin embargo, este tipo de cliente, suele tener más sorpresas de las que crees.

Características: Habla poco, pero escucha atentamente. Es poco expresivo, por lo que no transmite ninguna pista acerca de sus intereses, sentimientos o motivaciones. Evita externar su opinión sobre el producto, por lo que es difícil saber si la información que le estás proporcionando le está siendo útil. Pero su silencio sólo es síntoma de estar reflexionando, por lo que no debes dejar de hablarle de los beneficios y ventajas de tu producto/servicio, aunque parezca que te está ignorando.

Manera de atenderle: Te debes mostrar muy amable e interesado en satisfacer sus necesidades. Al ser un cliente silencioso, tú debes hacer preguntas (muchas preguntas), pero sólo preguntas cerradas (que más adelante las vamos a ver) para que no se sienta intimidado y te responda con facilidad. Utiliza soportes visuales (catálogos, muestras, etc.) para hacerle participar dando su opinión. Cuando hable, hay que hacerle ver que se tiene un especial interés por aquello que transmite.

Errores a evitar: Elevar la voz pensando que no escucha. Interrumpirle si comienza a hablar. No permitas que la conversación se vuelva un silencio incómodo.

Tipo de Cliente:

El agresor/problemático

No hay cliente más molesto y menos deseado que los de este tipo, y su encuentro suele dispararse en temporadas especiales como navidad o el ingreso de un nuevo ciclo escolar, debido al estrés que causan las compras de último momento.

Es importante que los vendedores estén muy atentos cuando detectan a un cliente agresivo, y a pesar de que no le deben de demostrar miedo, sí deben evitar que una discusión se convierta en agresión física. En caso de ser así, se tiene que llamar a seguridad inmediatamente.

Características: Siempre busca discutir y es difícil que esté conforme con su compra. Muestra un aire de superioridad con el personal de ventas o atención al cliente. Busca pequeños detalles para iniciar una confrontación.

Manera de atenderle: Debes estar seguro en todo momento. Emplea un estilo de comunicación asertivo, sabiendo decir *"no"* cuando sea necesario sin ser agresivo. Es probable que el cliente sólo esté estresado porque lleva muchas horas buscando lo que necesita, así que ofrecer un vaso con agua o una golosina puede ser de gran ayuda para tranquilizarlo. Proporciona datos sobre garantías, servicios posventa, o cualquier otra ventaja competitiva que posea tu producto/servicio.

Errores a evitar: No discutas con él y no te dejes arremeter por su sarcasmo. Recuerda que en las ventas, como en la vida, no te tomes nada personal.

Tipo de Cliente:

El engreído

Creo que después de los clientes agresivos, los pedantes son los segundos más indeseables en los comercios.

Características: Alta autoestima personal y profesional. Cree conocer todas las características del producto. Busca controlar la situación y la conversación. Muestra cierta superioridad sobre el personal de ventas y atención al cliente. Reacciona negativamente a los consejos, y por supuesto, no admite con facilidad críticas ni dudas sobre la validez de lo que él cree. Tiende a exigir respeto. Hace exhibición de sus conocimientos y/o estatus social. En ocasiones actúa de forma amenazante cuando detecta un punto débil del producto.

Manera de atenderle: Escucha de forma activa, mostrando interés por sus palabras. Dar evidencias de que conocemos el producto técnicamente. Si su conducta es muy técnica, sugerir la posibilidad de pasar a un superior o especialista su consulta.

Errores a evitar: Discutir o demostrarle que está en un error. Manifestar impaciencia o debilidad. Hacer elogios inmerecidos. Este cliente distingue perfectamente lo que son elogios y lo que son apreciaciones fingidas.

Tipo de Cliente:

El amistoso

Son los tipos de clientes que todos aman y a los cuales es más fácil cerrar una venta.

También es importante que el vendedor siempre tenga una actitud positiva, y que responda con la misma amabilidad con la que se caracteriza este cliente, ya que al ser *"buenos clientes"* esperan lo mismo de su vendedor.

Características: Se suele mostrar receptivo y pacífico. Asiente con la cabeza ante los argumentos que se le exponen y sonríe con frecuencia. Abierto a soluciones y acuerdos amigables.

Manera de atenderle: Realiza un resumen de las ventajas o beneficios que tu producto le ofrece. Es bueno utilizar la estrategia de la "oferta" con este tipo de clientes, ya que su actitud los hace fáciles de persuadir.

Errores a evitar: Confiarnos demasiado y ser precavido con el tiempo de la venta. Si es muy largo, puede perder el interés.

Tipo de Cliente:

El informado

Las nuevas tecnologías están creando cada vez más clientes de este tipo.

Muchos de los clientes que entren a tu negocio, es probable que sepan lo que desean comprar porque lo investigaron con anterioridad en internet, o alguien se lo recomendó, por lo que el vendedor que identifique a este tipo de clientes, debe ser más inteligente que él.

Características: Cree tener la seguridad de lo que desea comprar. No exterioriza su interés inicial por la compra. Lo que más valora son: el servicio posventa; las ventajas y beneficios que obtendrá. No realiza compras impulsivas, sino que necesita tiempo para valorar diferentes opciones y tomar la decisión de compra.

Manera de atenderle: ya conoce lo que quiere comprar, por lo que el vendedor siempre debe mostrar calma y ampliar la idea que trae en mente. Las ventajas competitivas de tu producto o servicio, para este cliente se vuelven muy relevantes. Es probable que la venta se realice de manera lenta por lo que te debes de adaptar a ese ritmo; si hubiese varios clientes esperando, déjale el producto y dale su espacio.

Errores a evitar: No objetes sus observaciones. Mantente paciente. No lo presiones para que tome una decisión.

Tipo de Cliente:

El conversador/entusiasta

Es más común encontrar clientas que clientes de este tipo. Las mujeres son muy buenas para hablar y no es de extrañarse que la señora que entró a tu tienda buscando un bolso, te cuente toda su vida trágica.

Características: Disfruta las conversaciones y contar historias que no están siempre relacionadas con el producto que desea comprar. Conecta un tema con otro, olvidando a veces la propia compra. Puede ser un poco imprudente con sus temas de conversación.

Manera de atenderle: Tratar de retomar la conversación hacia la venta. Ser breve en la exposición y resumir en diferentes ocasiones los argumentos. Adoptar una actitud firme y segura, tomando las riendas de la situación. Recurrir a comentarios de otros clientes sobre el producto. La mejor forma de conectar con este tipo de clientes, es escuchar activamente y evitar que se sienta ignorado. Si te sientes de ánimo, también cuéntale una historia.

Errores a evitar: Mostrar signos de aburrimiento, porque mandarás el mensaje de falta de interés de tu parte. Nuca intentes acabar con su entusiasmo, lo mejor para vender es dejar que el cliente hable y hable y hable.

Tipo de Cliente:

El tímido

Aunque parezca de locos, hay personas a las que no les gusta comprar. Este tipo de cliente no es difícil de identificar, por lo que se tiene que tratar con mucho cuidado, ya que cualquier acción impulsiva por parte del vendedor le puede causar incomodidad y terminará por irse.

Características: Evita mirar a los ojos. Evita situaciones de vergüenza, como exponer dudas sobre un producto ante otros clientes que estén esperando. Siente temor y ansiedad si tiene que manifestar sus dudas, objeciones o reclamaciones sobre un producto. Por lo general van acompañados de alguien de confianza para darse valor.

Manera de atenderle: Fomentar un ambiente de confianza y buen clima, empleando datos positivos. Utilizar soportes visuales como catálogos o el propio producto para que centre la mirada en ellos y así no se sienta violento por el contacto visual con el vendedor. Si hay mucha gente esperando o a su alrededor, procure desplazarlo hacia un lugar más tranquilo y sin gente que pueda escuchar la conversación. Aportar consejos y sugerencias.

Errores a evitar: No te acerques demasiado, no entables preguntas personales, y no intentes ser demasiado gracioso. Él te preguntará muy poco (o nada), así que a ti te tocará hacer preguntas sobre el producto; averigua si tiene dudas.

Tipo de Cliente:

El escéptico

Suelen ser clientes negativos, y siempre buscan hacer comparaciones de tu producto o servicio diciendo: *"en el local de enfrente lo encuentro más barato"*, o también suelen decir *"¿por qué tan caro, qué tanto hace o qué?"*

Características: Le da más importancia a los aspectos negativos que a los positivos del producto/servicio. Tiende a dudar de las ventajas o beneficios que le argumentas. Tiene una frase favorita: *"todo es una estrategia de marketing de las empresas para que las personas compremos más".* Está en continua actitud de autodefensa. Buscará aferrarse a sus argumentos.

Manera de atenderle: Si es posible, realiza pruebas del producto. Utiliza argumentos lógicos y razonables. No dejes de lado las desventajas, pero refuérzalas con una ventaja. Muéstrate paciente ante sus dudas u objeciones. Habla con seguridad, buscando ser asertivo en todo momento.

Errores a evitar: No ocultes las desventajas o limitaciones de tu producto o servicio, ya que le darás armas para atacarte. Muéstrate paciente en todo momento. Y no lo dejes a la deriva o permitas que otro vendedor le atienda, ya que él o ella se sentirá ganador y pensará que tenía la razón.

Tipo de Cliente:

El atareado

No son clientes tan comunes, pero existen.

Características: Tiene poco tiempo para realizar la compra. Por lo regular, este tipo de clientes se dispara en épocas especiales del año, ya que deja las compras para el último momento. Tendrá una actitud estresada y/o cansada.

Manera de atenderle: Intente que se relaje y se centre en la conversación, podrías contarle una historia que calme su ansiedad. Muéstrate servicial y paciente. La mejor forma de atender a este tipo de cliente es identificar su problema o necesidad y resolverla a la brevedad posible. Necesitan que lo atiendan rápido.

Errores a evitar: No prestarle la atención debida. Tardar mucho en el proceso de venta.

Cuando un cliente está triste, cuéntale una historia con un final feliz. La tristeza nos hace vulnerables y si tu cliente sabe que llegó a comprar a un lugar donde hay vendedores humanos, te lo agradecerá con muchas compras. El modelo de respuesta cognitiva señala que las personas toman la decisión de compra no tanto por el contenido del mensaje, sino por los pensamientos que le genere; su calidad y su cantidad. Ofrécele productos nuevos o diferentes que le ayuden a cambiar de perspectiva; ofrécele algo que le dé una gratificación instantánea

Las personas felices son las más fáciles de tratar, porque se dejarán guiar fácilmente y tienden a magnificar la experiencia dentro de una tienda, es fácil de identificarlas porque siempre tienen una sonrisa en el rostro.

Las emociones se contagian más rápido que la gripe, así que los vendedores deben estar siempre con la mejor disposición y ser amables. Siempre deben tener una sonrisa (que no luzca fingida) y la experiencia del cliente y montos de compra se elevarán.

Ahora que ya conocemos la importancia de la cultura y el nivel económico del cliente, todas las campañas publicitarias deben ir ajustadas a estas dos cuestiones, pero no debemos olvidar la proyección de sentimientos para que den mejores resultados. Todo mundo conocemos a Big Cola, un refresco que llegó para hacerle una fuerte competencia a los dos grandes imperios mundiales del refresco. Si Big Cola se posicionó tan rápido y tan fuerte en el mercado fue porque es un refresco dirigido a la clase media baja (que es la que impera en Latinoamérica); sus precios son económicos, pero su principal estrategia es que tienen una forma sincera y solidaria de conectarse con ese público. Saben que son un grupo vulnerable, y encontró la forma perfecta de acercarse a ellos y ser aceptado.

3.- Motivación Persuadida

Existen estrategias para influir en la voluntad inconsciente del consumidor y eso es la motivación persuadida. Jürgen Cklarick dice que el consumidor nunca sabe lo que quiere comprar, y por eso la labor de vendedor es ayudarle en el proceso de compra. Convencerlo sin que se percate que lo estás manipulando.

Para saber cómo podemos motivar a los clientes a comprar, y no sólo eso, a comprar más, debemos conocer primero su momento de la verdad.

El momento de la verdad de los clientes es cuando tienen algún contacto con tu producto, ya sea de forma física o a través de la publicidad. Es ese primer contacto que le generará información dentro de su cerebro, y gracias a ello, podrá tener una opinión de lo que nuestro producto representa para él.

Existe un dicho que dice *"la primera impresión es la que cuenta"* y ese mismo dicho también es aplicado a los productos. La primera impresión que tenga tu cliente de tu producto, es la que se almacenará en su cerebro y con la que lo describirá. Por eso es que debes de tener gran profesionalismo a la hora de elaborar tu escaparate o tus campañas de marketing, ya que de ello dependerá en gran medida, lo que tu cliente pensará de tu producto por el resto de su vida.

Existe un sesgo cognitivo que nos dice que *"aquello que le agrada a los demás, nos tiene que agradar a nosotros también"*. Lo que quiere decir que nuestra voluntad se puede ver influenciada por las circunstancias externas que rodean determinado hecho. Si tu publicidad o tu escaparate manda un mensaje agradable de lo que hace, otorga o proyecta tu producto, tendrá más posibilidad de aceptación entre el público. Por eso es que en la publicidad de nuevos productos siempre salen personas consumiéndolos y diciendo lo tanto que les gusta y en su rostro se ve la felicidad que les hace sentir.

El momento de la verdad tiene varias fases, y no necesariamente se tienen que presentar todas en un mismo proceso de compra,
ni tampoco en el mismo orden.

A continuación, vamos a ver una tabla para analizarlo mejor:

MOMENTO DE LA VERDAD	EXPECTATIVA	SERVICIO OTORGADO
El cliente Observa	El cliente ve algo que le interese, puede ser en tu publicidad o viendo directamente tu producto. También puede ser que sólo esté curioseando o esté buscando distraerse. La observación también puede originarse porque el cliente esté comparando precios.	Aquí es donde el escaparate atractivo cobra mucha importancia porque será lo que motive al posible cliente a entrar a tu negocio. Otro factor importante es la variedad de los productos, sus precios y las posibles ofertas.
El cliente Entra a tu tienda	Tu publicidad o el escaparate motivaron a entrar al posible cliente. Su cerebro ya espera algo desde ese momento; y lo primero que espera es ser bien recibido; su cerebro buscará puntos de orientación y desea sentirse cómodo en todo momento.	El vendedor deberá mirarle, saludarle y sonreír con naturalidad. El cerebro del vendedor debe gestionar adecuadamente las esperas, es decir, cuánto tiempo el cliente necesita para ver por sí mismo lo que ofrece tu tienda. La imagen del personal del vendedor es primordial. Y lo es todavía más la imagen de la tienda.
El cliente Se Acerca	Cuando el posible cliente ha visto que algo le agrada, necesitará ayuda del vendedor.	Debe haber carteles informativos. Con las ofertas bien claras y visibles. El Vendedor debe permanecer atento a las acciones el posible cliente. Si necesita ayuda, ofrecérsela inmediatamente.
El cliente Explora	El cliente ha encontrado lo que su cerebro estaba buscando. Ahora desea saber más cosas sobre el producto (componentes, diseño, olor…). Así como	Debe haber el suficiente stock para satisfacer la demanda del posible cliente. Se necesitará un merchandising correcto y atractivo que le dé accesibilidad e

	comprobar el precio.	información del producto. Procura tener etiquetada tu mercancía.
El cliente Solicita algo	El posible cliente tiene el deseo de adquirir el producto. Necesitará en ese momento la disponibilidad del vendedor y que el producto esté disponible tal cual lo desea. Por ejemplo, si son zapatos, desea que la tienda tenga de su número y en el color que le agradó.	El vendedor necesita saber preguntar. Las preguntas abiertas son las más recomendables. Lo más importante es saber escuchar al cliente, para poder detectar la necesidad o el mal que tiene el cliente. La rapidez en la búsqueda es crucial, porque al cerebro tiene un límite de espera. Si no tiene el producto, se debe decir "lo siento" y siempre ofrecer alternativas.
El cliente Comprueba sus expectativas	El cerebro del consumidor necesita información para convencerse de comprar; el vendedor debe hablarle de las características, ventajas y beneficios. También debe apelar a las emociones.	El vendedor necesita conocer bien los detalles y características de lo que vende. Pero lo más importante es que debe estar convencido de que el producto que está vendiendo, es el mejor del mundo; no puede convencer de comprar algo que ni siquiera a él le gusta. Si el producto lo amerita, puede dar una demostración.
El cliente Evalúa la información proporcionada	El cerebro del posible cliente inicia el proceso de racionalizar la compra.	El vendedor debe anticiparse a las objeciones y dudas del posible cliente. Debe escuchar con atención y contestar tranquilamente y con cortesía. Para continuar la venta debe convencer, no discutir.
El cliente Decide	El posible cliente está decidido, sin embargo, el cerebro necesita un último empujón para llevarse el producto a casa.	El vendedor debe tener la iniciativo en todo momento, el cerebro siempre necesita guía. El vendedor debe identificar las señales de compra, por ejemplo, cuando un cliente desea comprar un producto, lo tiene en

		las manos mucho tiempo, esto para que el cerebro se enamore de cómo se siente y lo feliz que sería si lo comprara. Y por ende, el vendedor debe hacer un resumen de toda la información relevante. Finalmente debe acompañarlo a la caja; darle las gracias y despedirse.
El cliente Paga	Ahora ya es un cliente y su cerebro espera facilidad en la forma de pago, es decir, aceptes varios métodos de pago y que sea rápido. También espera que la persona encargada de caja sea eficaz y eficiente y que lo trate con amabilidad.	La cajera/o debe preguntar cómo va a pagar. Debe hacer el cobro correcto y rápido. Mantener informado al cliente en este punto todavía es esencial, debe recordar los servicios de posventa, como los cambios y reembolsos. El cajero/a debe despedirse y dar las gracias.

Como lo pudimos observar, el cerebro de las personas siempre está esperando algo desde el momento que se motivan a entrar a una tienda; y eso precisamente es el momento de la verdad; ese momento en el que puedes satisfacer lo que espera un posible cliente o no.

El comportamiento del consumidor

Los hábitos de compra se definen principalmente por 2 cosas: las motivaciones –de las que ya hablamos–, y de los comportamientos del consumidor.

Podríamos definir al comportamiento del consumidor como el

conjunto de estímulos externos y procesos internos (actitudes ya pre-instaladas en el cerebro) de una persona, encaminados a satisfacer sus necesidades. El comportamiento del consumidor está determinado por sus creencias. Las creencias a su vez, se determinan por lo que el consumidor considera racionalizado, y la racionalización se determina por las normas culturales en las que se desenvuelve el consumidor. En otras palabras, la sociedad determina qué es bueno comprar y qué no.

Por ejemplo, en la cultura latina no es común que la gente tenga contratado un servicio de seguro como lo es en la cultura anglosajona. Todos los latinos sabemos que es muy bueno tener un seguro de gastos médicos mayores, o un seguro que ampare siniestros en casa habitación, o una póliza amplia para el coche, etc., pero sencillamente no los contratamos porque no los consideramos como algo prioritario. Nunca vimos a papá o a mamá, preocupados por pagar la póliza de algún seguro, ni conocemos a alguien que lo esté, y eso es porque la contratación de seguros no forma parte de nuestra cultura.

Una cultura se subdivide en grupos sociales mal llamados *"clases"*. Pero son precisamente estos grupos de *"clases sociales"*, las que determinan lo que te tiene que gustar si quieres pertenecer, es decir, si quieres ser parte de la clase alta, entonces tienes que seguir determinadas marcas comerciales, te debe de gustar determinada comida, y hasta debes de ser simpatizante de determinado partido político. Y es aquí donde el tema de la creación de un avatar de cliente, vuelve a tomar relevancia. Los miembros de una misma "clase social", van a tener iguales o similares necesidades, y no porque así lo quieran, sino porque así lo determina su rol social: si quieres perteneces tienes que actuar acorde a.

También el nivel educativo y laboral de los consumidores determina en gran medida su comportamiento, los oficinistas, por ejemplo, tienen un comportamiento repetitivo y positivo a comprar café por las mañanas, y más si es de Starbucks, todo mundo es elegante si compra un café en esa cafetería.

El consumidor tiene por lo general, 4 tipos de comportamientos a la hora de comprar: compras por impulso, de rutina, influidas y decisión extensiva.

1.- Compras por Impulso.

Según estudios, el 60% de las compras son impulsivas. Al cerebro le gusta que lo dirijan y que le digan qué y cuándo comprar; es muy común que vamos a los supermercados a surtir nuestra despensa, y salimos con muchas cosas que no estaban contempladas en nuestra lista inicial, y esto es porque el cerebro hace compras espontáneas todo el tiempo. El cerebro ve un producto, por ejemplo, papas fritas, y te dice: llévatelas, al rato puedes ver una película. O pasas por la panadería y te dice: compra pan dulce, con el café de las mañanas sabe delicioso. Así es el cerebro, haciendo compras innecesarias todo el tiempo y haciéndolas racionales a la vez.

El cerebro motiva a hacer compras por impulso cuando ve una oferta; cuando sabe de un producto nuevo; cuando el producto le recuerda un antojo pasado, o simplemente, porque se le ocurrió comprarlo en ese momento.

2.- Compras Rutinarias.

Como su nombre lo indica, son aquellas compras que ya estamos acostumbrados a comprar, como un café de 3 dólares antes de llegar a la oficina, o la leche y huevos que nunca pueden faltar en nuestra lista del supermercado.

Este tipo de compras, se caracteriza, porque son poco racionales, y pocas veces se pueden prescindir de ellas, por ejemplo, si un día la marca de huevo que acostumbras comprar está 15 pesos más cara, es probable que busques una marca más económica, pero no dejarás de llevar el huevo.

La sociedad, los roles de trabajo y los grupos de referencia, influyen en gran medida para que un producto o servicio, se ancle a nuestro cerebro y se vuelva una compra rutinaria.

3.- Compras Influidas. Son las compras que hacemos cuando estamos indecisos, y acudimos a otros para pedirles consejo. Por lo general, acudimos a nuestros grupos de referencia, que en el siguiente apartado hablaremos de quiénes son, pero también, y gracias al internet, el consumidor puede acudir a foros o comentarios hechos en redes sociales, para buscar opiniones que pudieran influir en su decisión.

4.- Compras de Decisión Extensiva.

Se presentan principalmente, en compras que tienen un costo económico que consideramos alto.

Como ya le he mencionado, el cerebro siempre buscará hacer las compras racionales, y sobre todo lo hará, en este tipo de compras, ya que buscará todo tipo de información que le pueda ayudar a tomar la mejor decisión.

Conocer los comportamientos de tus consumidores, te ayudará a determinar los conductos más idóneos para influir en su decisión de compra. Si un posible cliente está buscando información acerca de tu producto, no hay nadie mejor que tu PYME para dársela. No todos los consumidores tienen los mismos comportamientos, así que tú tienes que averiguar cuáles tienen los tuyos.

Grupos de Referencia

Mamá te dice que determinado producto es el secreto para que un platillo de comida quede delicioso, entonces, cuando eres adulto, sigues comprando ese mismo producto porque es *"el secreto"*. Las tendencias de compra se heredan de generación en generación porque lo aprendimos de nuestro grupo de referencia, que es nuestra familia; pero también son un grupo de referencia nuestros amigos y la pareja.

Nuestro cerebro está programado para comportarse de determinada manera ante las marcas y es por eso que hacerle competencia a la empresa Bimbo o a Sabritas es sumamente complicado, no porque sea imposible producir algo mejor en cuanto a precio y calidad, sino porque es el pan favorito del abuelo o son las papás fritas que mamá nos compraba en la tienda de la esquina cuando éramos pequeños.

El cerebro de los consumidores observa y aprende de los grupos de referencia, y si un producto es bueno para mi madre o para mi mejor amigo, entonces debe ser bueno para mí y tengo un comportamiento pacífico hacia ese producto, sin embargo, no todo el aprendizaje es absorbido de los demás, existen comportamientos que generamos por nosotros mismos. Por ejemplo, imagina que en algún punto de tu vida te vuelves (o te volviste) intolerante a la lactosa, por lo que te ves obligado a tomar otro tipo de leche, una que no compraba mamá. Te llevas una marca a casa, y el beneficio que te genere ese nuevo producto será lo que determine en tu cerebro un nuevo comportamiento hacia la leche deslactosada de esa marca. Si la leche deslactosada cumple tus expectativas, seguirás comprándola, de lo contrario, la próxima vez que vayas al supermercado elegirás otra marca porque tú ya desarrollaste una actitud negativa hacia ese producto. Y son precisamente las actitudes las que originan los comportamientos de los consumidores.

Seth Godan dice que los productos que son para todo mundo ya se inventaron, y estoy muy de acuerdo, porque para que hoy en día, un nuevo producto llegue a agradar a los consumidores debe ser innovador, pero no sólo hablando de originalidad, también que sea capaz de producir una innovación en las creencias del consumidor. Si un producto no llega a modificar las creencias que tiene el cerebro, ese producto será sólo una más del montón, y su éxito será efímero; por ejemplo, Uber llegó a cambiar en nuestro cerebro la forma de utilizar el transporte, no inventó los taxis, pero sí innovó la forma de utilizarlos y la forma de adquirir el servicio.

La cultura es evolutiva y es por eso que es importante estar atento a las tendencias e innovaciones disruptivas del mercado. Por ejemplo, hablando del mercado de la moda, antes era mala la obesidad, y por tal motivo la ropa estaba hecha para gente delgada; el estereotipo de belleza era la delgadez. Pero ahora es malo decirle a alguien que es obeso; ahora la sociedad quiere ser *"incluyente"*, y si ya es permitido ser obeso, entonces la ropa tiene que cambiar de talla.

Y por extraño que parezca, si quieres atraer al consumidor, tienes que atacar estos grupos de referencia. Si tu mejor amiga consume un nuevo producto, es probable que tú también lo empieces a consumir; si la mayoría de personas del grupo social en el que te desenvuelves empieza a utilizar una nueva aplicación, lo más probable es que tú también empieces a utilizarla. Y no hay mejor forma de atacar a los grupos de referencia que con personalidades del espectáculo, influencers, expertos en determinado tema, e incluso, un personaje que sea el *"hombre común"*, como en el ejemplo anterior de la moda para personas obesas. El secreto es que des a conocer que una persona de un determinado grupo social, está contento con tu producto para que los demás también quieran estar contentos.

Y Tú, ¿Tienes Buena o Mala Memoria?

También la memoria de los consumidores influye en sus comportamientos de compra, es decir, si yo recuerdo constantemente que una marca es agradable para mí, entonces es más probable que la siga consumiendo en el futuro; y de hecho, la mayoría de la publicidad ataca todo el tiempo la memoria de los consumidores, las marcas pagan grandes cantidades de dinero a las televisoras para que anuncio publicitario aparezca 2 o 3 veces en un corte comercial, y con el único objetivo que tengas el producto y/o la marca presente todo el tiempo. Y si bien para la mayoría de los emprendedores los anuncios de televisión están fuera de su alcance presupuestario, existe algo que se llama inbound marketing el cual es igual de efectivo pero mucho más económico, en mi libro *"Para Inexpertos en Marketing Digital"*, hablo acerca de este tema, que de seguro te podría interesar.

La mejor forma de llegar a la memoria de los consumidores es a través de las emociones. Los productos o servicios que más gustan al cerebro son aquellos que hacen sentir especiales a sus clientes/consumidores; aquellos que dan felicidad. Pero también aquello que nos trae un recuerdo desagradable, perdura en nuestra mente por más tiempo. Yo, hace algunos años, compré un teléfono celular en una tienda llamada Sam´s Club; la empresa me daba cierta seguridad mental y no tuve problemas en comprar el celular que estaba buscando allí. Para mi mala suerte, el dichoso celular me empezó a fallar a la semana de haberlo comprado, como todavía tenía garantía lo llevé a la tienda y me dijeron que regresara unas semanas después. La verdad fue un tormento no tener mi celular durante ese tiempo, pero me consolaba el saber que lo iba a tener de regreso funcionando en perfectas condiciones.

Cuando fue tiempo de ir por mi celular, mi felicidad se reventó más fácil que una burbuja de jabón, cuando me dijeron que no pudieron arreglar mi celular por 2 razones: la primera, que el número de serie del celular no coincidía con el número interno del equipo, es decir, ¡mi celular estaba hecho de partes de varios celulares! Y la segunda, que el daño que tenía mi equipo es porque, según ellos, se me había caído al agua, y que mi póliza de garantía no cubría dichos daños. Obviamente salí furioso de la tienda al saber que no podría hacer nada por mí equipo. Los malos sentimientos que me provocó aquel hecho, originaron que nunca volviera a comprar nada electrónico en esa tienda, y cada vez que algún amigo o familiar me dice que va a comprar una nueva pantalla o celular, o cualquier electrodoméstico, le cuento mi mala experiencia y lo motivo a comprar en otro lado.

Mi historia anterior dicho en otras palabras:

Los malos recuerdos que tu producto o servicio provoquen en la mente de un consumidor, no sólo te harán perder un cliente.

A modo de conclusión podríamos decir que, para que un producto tenga más probabilidad de tener éxito, es necesario conocer los comportamientos que tiene tu avatar de cliente ideal y asociar tu producto a la cultura social de su entorno; tienes que utilizar las motivaciones en los grupos de referencia y proporcionar un cambio positivo que todos quieran.

Actitudes del consumidor

El ciclo de vida de un producto está determinado por la manera en que el consumidor lo recibe. Si lo recibe de buena manera, lo comprará y las ventas empezarán a subir; de lo contrario, es una señal de alerta para hacer un cambio al producto, o en casos más extremos, sacarlo por completo del mercado. A este fenómeno se le conoce como actitudes del consumidor y van estrechamente ligadas al producto. A la hora de lanzar tu producto o servicio al mercado, debes de llevar un registro cuantitativo de cómo el cliente lo está recibiendo; si los números son positivos, vas por buen camino.

Las actitudes del consumidor las podríamos resumir como la forma que tenemos los consumidores de responder a los estímulos y circunstancias que rodean a un producto. El comportamiento es la manera en que un consumidor busca satisfacer sus necesidades, es decir, la forma en que actúa, mientras que las actitudes son las que determinan esa forma de actuar.

Las actitudes y los comportamientos de los consumidores están estrechamente relacionados porque una siempre va a detonar a la otra. Por lo que tu objetivo siempre debe ser que tu producto o servicio, provoque buenas actitudes, para que el comportamiento también sea positivo.

 Actitudes positivas igual a comportamientos positivos, es decir, el consumidor comprará de forma regular tu producto. Y asará lo contrario si tu consumidor tiene una actitud negativa de él.

¿Cómo lograr que nuestro cliente tenga una actitud positiva de nuestro producto?

Las actitudes las vamos aprendiendo conforme vamos creciendo, y lo que hace a algo bueno o malo, va a depender de nuestras experiencias. Por ejemplo, si vas a comer a un restaurante y la comida termina por causarte una intoxicación, automáticamente se convierte para ti en un mal restaurante y nunca más vas a volver; pero al contrario, si por esa intoxicación fuiste a parar al médico y en muy poco tiempo recobraste la salud, entonces ese doctor es muy bueno.

Lo que es bueno, tendemos a recomendarlo positivamente a nuestras amistades, pero lo que es malo tendemos a recomendarlo negativamente a todo el mundo. Si tienes un producto malo, te hará perder la confianza de muchos clientes y hará más difícil que un producto que es nuevo en el mercado crezca rápidamente. Lo bueno y lo malo influye directamente en la memoria, como ya lo habíamos mencionado.

La definición de un producto malo es aquel que no cumple con las expectativas del consumidor, es aquel que no le curó su mal o aquel que no cubrió su necesidad. <u>La actitud del cliente hacia tu producto no va a depender del precio, sino de los beneficios que le dé.</u>

Entonces te preguntarás: ¿cómo le hago para que mi producto tenga una buena aceptación del consumidor? Pues la respuesta es: a través de una mezcla entre el lanzamiento del producto, el mal que alivie o la necesidad que cubra el producto; cuan especial hace sentir al consumidor el producto y la adaptación que el producto tenga con el entorno.

1.- Lanzamiento del Producto.

El lanzamiento de un producto se compone de 2 vertientes: una cuán bonito es mi producto y por qué canales voy a darlo a conocer.

En la mente del consumidor existe un principio heurístico

que dice: lo bonito es igual a bueno; lo bonito enamora, y tu producto siempre debe ser bonito para los ojos de los compradores. Los colores y las formas con que presentas un producto al consumidor deben enamorarlo, literalmente.

Yo todavía tengo guardada la caja del último iPad que compré, sé que no la necesitaré para nada, pero es demasiado bonita como para tirarla a la basura. El amor nace de la vista y crear algo atractivo es el primer paso. Los empaques y envolturas de tus productos deben gritar *"cómprame"*, *"mira, soy tan bonito"*. En pocas palabras, la presentación visual de tu producto, debe ser tan atractiva como si fuera una estrella de Hollywood.

El segundo punto importante es, por dónde vas a presentarlo. Imagina que tu producto es un bebé de la realeza del siglo XVI y que todo el pueblo tiene que conocerlo sí o sí. Entonces, si quieres que todos conozcan a tu *"bebé"*, es probable que organices una fiesta para que los invitados puedan conocerlo en persona; y como todo buen padre, les hablarás maravillas de él. Si a los invitados les gusta mucho tu *"bebé"* le dirán a todo mundo lo hermoso y gracioso que es. Pero como tú no quieres parar allí, pues decides pegar fotos de tu nuevo *"bebé"* donde aparece con su mejor sonrisa por todas partes, y así todos sabrán lo lindo que es y querrán conocerlo.

Está analogía debes aplicar a todos tus productos; debes hablar de tu producto para que otros hablen de él. Debes de hacer creativas campañas de marketing para que otros quieran saber de él. Debes estar en todos los medios para que todos quieran tener y probar tu producto.

Los canales de televisión siguen siendo lo mejor en América latina como medio publicitario, sin embargo, los canales digitales están cada vez más en aumento, y lo mejor de todo es que son ínfimamente más económicos en comparación de la televisión. No tengas miedo en utilizarlos, y si lo haces correctamente, tendrás grandes consumidores en potencia.

2.- El Gran Remedio

He dicho varias veces, que el curar un mal o satisfacer una necesidad de tu consumidor es lo primordial de todo producto. Si hay personas que no pueden o no quieren hacer las compras del súper, entonces dales remedio y conviértelos en tus consumidores. Si hay gente que se siente insegura por las calles, pues crea una aplicación para que se sientan seguros y conviértelos en tus consumidores. Si hay madres trabajadoras y que aparte se encargan del hogar; pues dales una solución a la hora de preparar la comida o la limpieza y conviértelas en tus consumidores. Dales el gran remedio que están buscando y la actitud que ellos tengan a tu producto será muy positiva.

3.- Tu Hijo Consentido

La mayoría de las PYMES se preocupan tanto por el producto que se olvidan de estar dando un seguimiento post-venta a su cliente. Cuando existe un producto exitoso en el mercado, se tiene la creencia de que el producto por sí mismo, se seguirá vendiendo hasta que el mundo deje de girar. Pero la realidad está muy alejada de eso; ya hablamos que las necesidades del consumidor son temporales, y lo que ahorita los hace felices, mañana tal vez no. La felicidad debe evolucionar con tu producto, no al revés. ¿Qué quiero decir con esto? Pues que no debes esperar a que tu consumidor se canse, se aburra o deje de encontrar útil tu producto. Tú debes ser el primero en decir: esto ya no está tan bien para ti, mejor prueba esto. Hazle sentir al consumidor que estás preocupado por él y que quieres darle mejores cosas para que siga satisfaciendo sus necesidades, calmando sus dolores y sus miedos.

Cualquier producto que vendas, no debe de ser perfecto, sólo debe solucionar una problemática real e inmediata. Si quieres crear algo que dure para siempre, fracasarás antes de que te des cuenta. Tu cliente es como si fuera tu hijo consentido, que estás al pendiente de cubrir todas sus necesidades y no dejas que nada le falte. No esperas a que tu hijo consentido te diga *"tengo hambre"*, claro que no, tú ya sabes que tiene que comer varias veces al día y tienes la comida lista para cuando sea la hora de comer. No esperas a que tu hijo consentido te pida zapatos nuevos porque tú sabes cuándo es hora de comprarle un par nuevo. No hay necesidad de esperar a que algo malo pase porque tú anticipas las decisiones de tu hijo consentido. Le das sin que te pida y él lo recibe con gusto porque sabes que estás allí para darle protección y ayuda.

Amas tanto a tu hijo consentido que sabes cuando algo no está emocionalmente bien con él. Sabes si alguien lo molesta en el colegio porque su actitud se vuelve ausente y callada. Si está bajando su rendimiento escolar y ya no tiene las calificaciones de *"10"*, sabes que es porque no está haciendo sus tareas correctamente. Lo amas tanto que sabes cómo solucionar sus problemas; si tu hijo consentido siente miedo por las noches pues le compras una lámpara nocturna para que tenga luz y su sueño sea más placentero. No sólo sabes lo que necesita tu hijo consentido antes de que lo pida, también sabes cómo conseguirlo.

A tu hijo el consentido, lo mimas, lo escuchas y lo complaces. Todo aquello que le das es de lo mejor; a tu hijo consentido no le das objetos con los que se pueda lastimar o sustancias con las que se pueda intoxicar; todo lo que le ofreces para que se divierta, te cercioras con antelación de que esté limpio y de que sea seguro. Si ves un juguete nuevo en televisión que le podría agradar a tu hijo consentido, pues obviamente se lo comprarás para que sea más feliz. Cuando hace frío le compras suéteres más abrigadores; si es temporal de lluvia le compras impermeables. Y todo lo que le das, es cada vez mejor que el anterior. No sólo sabes lo que necesita tu hijo consentido antes de que lo pida; no sólo sabes cómo conseguirlo, también sabes cuándo darle cosas nuevas.

Entonces... Los 3 elementos para tratar a tus clientes como a tu hijo consentido son:

1.- Saber qué necesita;

2.- Saber cómo darle lo que necesita;

3.- Saber cuándo es tiempo de darle algo nuevo.

La compra es únicamente el inicio de un gran ciclo de fidelización. No porque tu consumidor quedó feliz con su primera compra, significa que va a regresar a comprarte de nuevo; tu servicio al cliente debe ser extendido y personalizado para que tu cliente se sienta amado e importante. Estar en contacto continuo con tus clientes es vital para que descubras lo que necesitan antes de que te lo pidan. Busca la manera de mejorar tu producto y ofrecérselo; busca el momento para ofrecerle productos relacionados que lo puedan hacer más feliz. Si ya tienes identificada la necesidad de tu cliente, invéntale necesidades relacionadas para que quiera obtener más de ti.

Los productos exitosos no son los que duran para toda la vida; son los que cubren una necesidad o curan un mal por un tiempo limitado. ¿Por qué? Porque que tu consumidor querrá más de ello, y a este fenómeno se le conoce como obsolescencia planificada. Te has dado cuenta que un teléfono celular justo después del año comienza a fallar; y más aún, el nuevo modelo con funciones mejoradas sale al mercado en ese mismo tiempo; pues eso es lo que se conoce como obsolescencia planificada: que los productos intencionalmente, se hagan obsoletos después de un tiempo. Si un celular galaxy no dura para toda la vida no es porque no se pueda, sino porque los fabricantes no serían millonarios. Tu trabajo es evaluar el tiempo necesario para darle un producto nuevo al consumidor, y al cabo de ese tiempo, tu producto debe estar listo para salir al mercado.

El secreto es: el consumidor siempre está en busca de la felicidad y tu producto debe ser parte temporal de su felicidad.

 La calidad no tiene nada que ver con la obsolescencia planificada; ya que la calidad debe ser excelente durante todo el tiempo de vida útil de tu producto, de lo contrario el consumidor lo percibe como "chafa".

4.- Adaptación al Entorno

Este punto va de la mano con el anterior (y ya lo hemos mencionado en la primera parte de este libro), porque estar al pendiente de las tendencias, también te ayudará a saber cuándo es tiempo de hacer un nuevo producto. Algunas de las empresas más poderosas de los 80´s y 90´s hoy en día han desaparecido por no estar al pendiente de las tendencias de los mercados y no tuvieron la inteligencia de transformar sus productos. La televisión latina es un ejemplo de esto. La era digital nos está alcanzando y las televisoras latinas no han podido transformarse; no se están adaptando y creen que el espectador siempre será el tonto receptor pasivo que no buscará otros medios de comunicación.

Tú y tu producto tienen la obligación de adaptarse al entorno y transformarse. Un producto no tiene por qué cambiar en su totalidad, basta con que exista una pequeña adaptación para que siga creciendo. Lo importante es no dormirse en sus laureles.

Actitudes del Consumidor

RESUMEN DEL CAPÍTULO

1.- El público objetivo es el grupo de personas a las que va dirigido cierto producto o servicio.

2.- Las motivaciones son fuerzas psicológicas que impulsan a la persona a adquirir determinado producto.

3.- Las necesidades, son carencias físicas o psíquicas que motivan a adquirir determinado producto o servicio.

4.- Existen 3 tipos de motivación: obligatorias (aquellas que obligan al cliente o realizar determinada compra), ególatras (aquellas compras que son para satisfacer el ego) y persuadidas (aquella compra que se realiza gracias a la persuasión).

5.- El Momento de la Verdad se compone por:

-El cliente observa desde afuera.

-El cliente entra a tu tienda.

-El cliente observa los productos.

-El cliente explora.

-El cliente solicita algún producto.

-El cliente comprueba sus expectativas.

-El cliente evalúa la información proporcionada por el vendedor y por los elementos de la tienda.

-El cliente decide.

-El cliente paga.

6.- La memoria de los consumidores influyen directamente en sus hábitos de compra; por lo que debes darle experiencias positivas en todo momento.

7.- Las actitudes del consumidor son la forma que tiene el consumidor de responder a los estímulos y circunstancias que rodean a un producto.

8.- Trata a tus compradores como si fueran *"tu hijo consentido"*.

CAPÍTULO 7

Un Buen Lugar Para el Éxito

Cuando empezamos en el camino del emprendimiento, siempre soñamos con alcanzar tanto éxito que logremos tener varias sucursales en nuestro país, y por qué no, hasta en el mundo. Pero muchas veces, por querer apresurarnos, este sueño nos lleva a terminar con cuentas impagables y hasta con problemas legales.

Sí, querer comerte al mundo de un mordisco no es buena idea.

En este capítulo, hablaremos de cómo tener un establecimiento con posibilidades de tener éxito.

Actualmente la pregunta que se hace todo emprendedor es: ¿qué conviene más, abrir un local comercial o una tienda en línea? Mi respuesta sería, ambas si se saben trabajar adecuadamente. No obstante, los locales comerciales siguen siendo los favoritos donde la gente latina prefiere comprar. La gente aún está muy arraigada a sentir el proceso de compra; la mayoría de los consumidores que viven en la Ciudad de México prefieren ir por sus compras sin importarles el caótico tráfico de la ciudad y que ello les conlleve perder varias horas del día, y todo porque su cerebro prefiere sentir todo ese proceso.

Este fenómeno se incrementa en fechas festivas como la navidad o incluso en el llamado *"buen fin"* que se lleva a cabo cada año en México, que es parecido (en realidad una copia de mal gusto) al *"black friday"* de la Unión Americana. Entonces, saber elegir el lugar más idóneo para establecer tu PYME es vital para que se consolide y crezca.

La segunda pregunta que un emprendedor podría hacerse es: ¿cómo voy a llegar a ese avatar de cliente ideal? Como lo comentamos antes, aún son pocas las personas que compran en línea en los países latinos y la competencia en negocios físicos es bastante; así que tu estrategia para llegar a tu cliente/consumidor debe contemplar cosas muy básicas (aparentemente) como el lugar donde estará tu local, las personas que transitan por allí y la propuesta de valor que ofrecerás.

Decidir poner un negocio, no es nada fácil, por eso en este capítulo vamos a hablar acerca de los negocios y cómo evitar que fracase sin darte oportunidad de salvarlo a tiempo.

La Ubicación Maestra

Antes de empezar, debo dejar en claro que no existe una fórmula secreta para obtener para conseguir un negocio exitoso, pero lo más cercano a ello es el trabajo inteligente y creativo. Si tienes eso, difícilmente algo te detendrá.

La ubicación de tu negocio comercial en un establecimiento físico, debe ser inmediata para tus clientes, es decir, tienen que poder llegar a él de manera rápida. En una encuesta que realizamos hace poco, a 153 participantes, determinamos que el 90% de las personas que compran por primera vez en algún local lo hacen dependiendo de la cercanía que éste tiene con el domicilio de su casa, o el de su trabajo. El cliente quiere ir a un lugar donde pueda comprar lo que necesita y quiere hacerlo lo más rápido posible. Y es por eso que siempre será mejor, estar ubicado en una zona que esté cerca de escuelas, empresas o complejos habitacionales.

En primera instancia podríamos decir: que tu negocio esté ubicado cerca de escuelas, empresas o complejos habitacionales, lo hará más redituable económicamente.

Claro, suena lógico.

No obstante, no es así de fácil como se escucha (se acabó la magia). Ya hablamos que cuando el cerebro tiene una necesidad, buscará satisfacerla lo más rápido posible, como regla general. Por ejemplo, si tienes ganas de unas papas fritas, irás a la tienda de abarrotes más cercana a tu domicilio; si tienes ganas de ir al cine, irás al centro comercial más cercano a tu casa, sin importar el tamaño de éste ni el tipo de tiendas que haya en su interior.

O sea que: el lugar que busque el consumidor será el que más se ajuste a su tipo de necesidad (de las cuales ya hablamos). Y mientras más fácil sea de satisfacer, más fácil podrá elegirte a ti.

Si seguimos el ejemplo del centro comercial; cuando una familia de consumidores va al centro comercial el fin de semana, sólo tiene en mente una cosa, o mejor dicho su necesidad es una cosa: pasar un rato agradable. ¿Y cómo va a satisfacer esa necesidad? Pues con un centro comercial donde haya variedad de tiendas; con facilidad de comer cuando les dé hambre; con posibilidad de tener varias distracciones, y todo esto sin importar que se encuentre un poco más lejos de su domicilio que el centro comercial que está a 5 minutos de su casa pero que no les puede cubrir todas sus necesidades.

Siempre, siempre, siempre, pon atención en las necesidades de tu cliente ideal.

Debes asegurarte que tu negocio satisface al 100% las necesidades para la cual fue creado. Cuando mi pareja y yo compramos nuestra casa, no conocíamos el vecindario, por lo que las compras las teníamos que hacer en un pequeño minisúper llamado *"El Jonny"* que está cerca de casa. Pensamos que era un buen lugar en el que podríamos realizar nuestras compras sin problema, sin embargo, la primera vez que fuimos, no encontramos como 3 o 4 productos que estábamos buscando, y esto se repitió la 2ª, la 3ª y hasta la 4ª vez que fuimos. Siempre nos faltaba algo de nuestra lista.

Obviamente ya estábamos cansados de esa situación y decidimos ir a buscar otro lugar para hacer nuestras compras. Para nuestra sorpresa, a menos de dos cuadras de distancia, encontramos otra tienda pero más pequeña. Ingresamos al establecimiento escépticos, pero curiosamente encontramos todo lo que estábamos buscando. Después de eso, nunca volvimos a regresar al minisúper Jonny.

Y la moraleja que podríamos aprender de ello, es que <u>de nada sirve que un negocio esté bien ubicado, si no puede satisfacer las necesidades que el consumidor espera que resuelva.</u>

Tu negocio fue creado con un propósito, y siempre debes procurar que cumpla dicho propósito.

Satisfacer la necesidad + buena ubicación= cliente satisfecho

¿La Competencia es Mala?

Sin duda, la competencia es otro factor delicado para nosotros los emprendedores; ya que a veces la solemos subestimar o al contrario, le damos demasiada importancia. Para que me entiendas un poco mejor, te voy a revelar otros datos de la encuesta que hicimos.

Y te sorprenderá...

Suena loco pero, <u>la gente prefiere ir a comprar en lugares donde haya un número considerable de propuestas.</u>

¿Por qué pasa esto?

Muy fácil, al cerebro le gusta que le presenten varias opciones para que se sienta en libertad de elegir la que más le agrade.

Y este factor lo puedes aplicar a tu favor en 2 variantes: la primera es que es bueno que tu negocio esté donde hay otros negocios con un giro comercial parecido al tuyo; y la segunda, es que en tu negocio debe existir variedad de productos y/o servicios para que el cerebro de tus clientes esté feliz.

Lo que te trato de decirte con el primer punto es que la competencia no es mala, al contrario, da más confianza al cliente. Y esa confianza se fomenta dentro de su cerebro, porque como ya te lo comenté, el cliente se siente más seguro y satisfecho de su compra si tiene la oportunidad de elegir entre varias opciones. Supongamos que tienes un negocio de comida, y eres el único local de la zona, tal vez pienses que es bueno, pero conforme a lo que hemos visto, podrás adivinar que en realidad no lo es tanto. Los clientes que ya fueron a tu negocio, van a tardar en regresar, porque ya probaron y conocen lo que vendes. Las personas no sólo quieren comer algo que esté bueno (que satisfaga su necesidad), también quieren dar variedad a su estómago (libertad).

La competencia es buena si no dejas que te supere. La competencia es un punto de comparación para los clientes/consumidores y debes procurar que tu negocio esté del lado positivo de la balanza para la mayoría de los clientes.

Para que la balanza esté a tu favor, debes de ser capaz de influir en la decisión de compra, y para ello, le preguntamos a nuestros 153 encuestados cuáles eran los factores más importantes para tomar la decisión de comprar, y estos fueron los resultados:

1.- Con Respecto a tu Producto

-Relación Precio-Calidad= 61%

-Presentación del Producto (características tangibles e intangibles)= **25%**

-Promociones= **10%**

-Soportes Publicitarios= **4%**

Como podemos observar, la gente cree que no influye la publicidad en su decisión de compra, pero esto es falso. La publicidad es muy importante para atraerlos; un negocio sin publicidad es un negocio en agonía.

2.- Con Respecto al Punto de Venta

-Localización y Accesibilidad= **33%**

-Merchandising, Escaparate= **21%**

-Atención al Cliente= **36%**

-Credibilidad de la Marca= **10%**

Para 36% de los encuestados lo más importante para tomar su decisión de compra se determina por la calidad del servicio al cliente, que esto va desde la cortesía y el profesionalismo con el que el vendedor atienda, hasta la capacidad de la identificación de la necesidad de los clientes por parte de la marca.

También como lo indican los resultados de la encuesta, la localización de la que hablamos anteriormente, influye considerablemente en la decisión de compra. Si tomas en cuenta todos estos factores y trabajas en ellos, tendrás menos posibilidad de que tu competencia te supere.

El segundo punto, es la variedad que le puedes ofrecer al cerebro dentro de tu establecimiento.

Los clientes se aburren con facilidad y debes tener propuestas nuevas periódicamente. Por ejemplo, si tienes un restaurante, es bueno que te especialices en un solo platillo, pero lo que yo te recomiendo es que complementes tu menú con 5 o 6 platillos diferentes. Esa variedad le gusta al cerebro porque evita que se acostumbre y tus clientes te lo agradecerán.

Sin embargo, la variedad de la que hablamos, no sólo se limita a la diversidad de los productos que puedas ofrecerle a un cliente, sino también, a los servicios que complementan un negocio de productos. Por ejemplo, que a la hora de pagar, tu cliente tenga varias opciones de pago; o que exista la posibilidad del servicio a domicilio, o cualquier otro servicio que pudiera darle a tu cliente un plus; algo que no ofrece tu competencia y lo que hará que estés por encima de ellos.

La competencia puede servirte para que te posiciones en un buen lugar dentro de la mente de los clientes, y que estés dentro de su preferencia.

Da Seguridad a tus Clientes

Que tu cliente se sienta seguro cuando está de en tu tienda (en la zona donde está), es un factor que influye notoriamente en los hábitos de compra, y el cual, debes considerar a la hora de abrir un nuevo local comercial, y que por desgracia, la mayoría de los emprendedores no lo consideran.

Antes de abrir un negocio, debes hacer es una investigación de campo muy completa. Ve y revisa la zona con tus propios ojos; camina por donde caminaría tu cliente e intenta sentir lo que siente al estar en esa zona.

Cuando alguien va a comprar una nueva casa, el vendedor siempre te hablará maravillas del inmueble y es probable que exagere ciertas circunstancias, toda para convencerte que es el mejor lugar del mundo para vivir. Pero si lo que deseas es tener una verdadera noción de la realidad y de cómo se vive allí, lo que debes hacer es ir a la casa de un vecino de la zona y preguntarle cómo es la vida en ese lugar; si existen los servicios básicos; si es un lugar seguro; si es feliz allí. Y eso mismo debes hacer con el lugar en que pretendas establecer tu negocio. Visita los negocios cercanos, compra algo y pregúntales cómo están sus ventas; pero lo más importante que debes preguntar, es si la zona en cuestión, es segura; si ha habido asaltos, si la policía se ve con frecuencia y cosas de ese estilo.

Todo para que puedas tener la certeza de que tu cliente se sentirá seguro. Nadie va a comprar a un lugar donde hay un gran número de asaltos a transeúntes o a negocios, así que la seguridad es muy importante para que los clientes tomen su decisión de compra.

Busca establecerte en avenidas grandes e iluminadas; donde haya transeúntes de manera regular. Porque al menos que tengas un prostíbulo, nunca será bueno estar ubicado en algún lugar clandestino, esos lugares le dan miedo al cerebro y los evita a toda costa.

Un lugar que parece inseguro, alejará a tus clientes y a tus sueños de tener grandes ventas.

Busca Clientes Recurrentes y No Temporales

"Tener un cliente es fácil, lo difícil es hacer que regrese"

El lugar donde inaugures tu negocio, también será factor decisivo para determinar si tus clientes serán recurrentes o temporales.

Es bueno tener un pequeño restaurante cerca de una universidad o de una zona industrial, porque tendrás un poco más de probabilidad de tener clientes. Sin embargo, será como jugar a la rueda de la fortuna y habrá días en que estés arriba y tus ventas sean muy buenas, y otros en los que estarás abajo y tus números no salgan.

Si tienes tu negocio de comida cerca de una universidad, ¿qué pasará cuando los alumnos estén de vacaciones? Pues lo más probable es que tus finanzas no van a estar bien.

Por eso, lo óptimo es estar en un lugar con una ubicación estratégica; donde tengas clientes todos nuevos todos los días. Ubica lugares donde ya haya varios negocios (ya te comenté que la competencia no es problema para lograr el éxito) e intenta estar cerca de ellos.

No tienes que estar ubicado en las zonas céntricas o más caras de la ciudad, pero sí en aquellas donde ya exista un movimiento económico, o lo que se conoce como *"centro ancla"*. Siempre habrá días más buenos que otros, pero tu objetivo debe ser tener clientes constantes y no por temporadas.

El cerebro ya conoce los centros anclas (y le gustan porque se siente cómodo y seguro), que son los lugares donde hay mayor actividad económica de una zona específica (sin que sean centros comerciales, o zonas turísticas de tu municipio); es decir, zonas donde la gente va a comprar ropa, alimentos, diversión, tecnología, etc., porque le quedan cerca de casa. Otra ventaja que tienen los centros anclas, es que tu cliente sabrá dónde, cuándo y a qué hora puede encontrarte.

Si sigues estos prácticos consejos, te aseguro que tendrás más posibilidad de tener ventas. Recuerda que emprender es analizar antes de actuar, y a veces lo barato sale caro. Porque de nada te servirá tener un local comercial que la renta sea muy económica, pero en una zona con pocos transeúntes y una actividad comercial muy disminuida.

Antes de Vender Cualquier Cosa

Y ahora, vamos a hablar un poco de la venta del producto. Si deseas saber mucho más acerca del tema, te recomiendo mi libro *"El Producto Perfecto"*.

¿A Cuánto Vas a Vender?

¿Recuerdas cuando hablamos del miedo? Pues a la hora de poner el precio, el miedo aparece en nuestra mente como el peor consejero.

Un emprendedor tiene la idea (así yo era al principio) de que si vende barato, tendrá más clientes, y a veces funciona (como lo veremos más adelante), pero no es lo más recomendable.

Te voy a contar una anécdota. Mi primer negocio ha ido evolucionando a lo largo del tiempo, y así como se han implementado nuevos productos y servicios, otros han desaparecido. Cuando ingresamos a nuestro catálogo de productos la creación de herramientas para apoyar el emprendimiento (como CRM´s), creímos que sería tarea sencilla.

Pero no fue así... acompáñenme a ver esta triste historia

Mi socio se encarga de crear estas herramientas (yo no sé ni hacer una suma en Excel) y las ajusta a las necesidades individuales de cada cliente. Nosotros tenemos la política de que él pone los precios a todos los productos; mientras que yo me encargo de los precios de los servicios digitales de nuestra empresa. Y pues bueno, la primera herramienta la vendió por un precio de $100 dólares; creyó que sería asunto sencillo y que es algo que terminaría en 4 días. Para no hacer la historia tan triste, resulta que la herramienta la terminó en 13 días y trabajó como loco para que cumpliera las expectativas del cliente. Cuando estuvo el entregable, él se arrepintió bastante por haber malbaratado su trabajo.

Y es que él se olvidó de una regla del emprendimiento: si eres experto en algo, cobra por ello... y cobra bien.

Poner el precio a los productos o servicios, es el mayor conflicto emocional por el que atraviesan todos los negocios, no saben a cuánto vender y muchas veces terminan por arruinarse ellos mismos. Por eso, en esta sección hablaremos de todo lo que necesitas saber para determinar el precio de tus productos y, sobre todo, que sea lo más rentable para ti.

Antes que nada:

El precio de un producto se determina por la suma de la cantidad de tiempo invertido en su elaboración, más la característica de innovación, más la plusvalía del punto de venta (si es que lo hay). Lo que te quiero decir con esto último, es que no debes vender un mismo producto que se exhibe en diferentes zonas geográficas al mismo precio, jamás.

JAMÁS

Y para determinar cuál es el nivel de plusvalía tendrás que

hacer un estudio socioeconómico de los clientes; y no me refiero a que vayas casa por casa levantando un censo preguntando a cuánto ascienden los ingresos mensuales de cada familia, sino que, a través de la plusvalía que ya existe en la zona, concluir cuál podría ser el nivel económico de tus clientes. Eso te ayudará a determinar parte del precio.

El precio de tu producto/servicio, es directamente proporcional al lugar donde los vendes.

Recuerda el principio heurístico en nuestro cerebro que dice: lo barato es de mala calidad, y si tu producto va dirigido a un avatar de cliente ideal con un ingreso económico medio, medio-alto, o alto, no podrás llegar a él si tu negocio se encuentra en una zona con una plusvalía baja y si tus precios no están al nivel que ellos esperan.

Sí, las personas con nivel económico alto, esperan pagar precios considerables por lo que compran, de lo contrario, su cerebro les dirá que no es un producto para ellos.

Y ahora, al contrario, si la plusvalía de la zona es muy baja, no será muy bueno para tus ingresos, vender a precios elevados porque es probable que haya varias personas de bajos recursos. Este principio lo siguen los supermercados y los restaurantes, y sus precios y productos varían de acuerdo a la zona donde se encuentren. Por ejemplo, un celular de la misma marca y modelo no cuesta igual en la tienda departamental Palacio de Hierro que en la tienda Coppel.

Otro ejemplo, en la Ciudad de México, hay una cadena restaurantera muy famosa de comida mexicana. Todos los establecimientos están abarrotados de lunes a lunes y ni hablar de los fines de semana; en los que tienes que hacer una gran fila para conseguir una mesa. Su plato estrella es el pozole, pero como su modelo de negocio es el upsell venden más cosas como quesadillas, sopes, flautas, postres y hasta cerveza (la variedad de la que ya hablamos, así el cliente tiene la libertad de pedir lo que desee).

Su éxito radica en que es una *"fonda nice"*. Sus negocios están ubicados en buenas zonas de la ciudad, con meseros uniformados, servicio de estacionamiento y hasta el hecho de que te hagan esperar más de 30 minutos por una mesa lo hacen ver nice porque te registran y te preguntan para cuántas personas es la mesa. La comida que venden (en mi chingón punto de vista) es muy mala, porque es comida que lleva varias horas preparada y te la recalientan cuando la pides. Si ordenas un sope de carne, la carne es muy poca y está muy seca de tanto que se ha recalentado; yo creo que es un restaurante de mediana calidad, pero que está sobrevalorado porque se encuentra dentro de centros comerciales y en buenas avenidas de la ciudad. Y a la gente no le molesta pagar 50 pesos por un sope de mala calidad porque están pagando por el lugar, no por la comida.

Es más nice para el cerebro ir a comer sopes de 50 pesos a un restaurante y sentarte en un comedor hecho de madera y que te atiendan meseros uniformados, que comer unos sopes de 10 pesos de la fonda de tu colonia y sentarte a comer en un *"comedor"* de plástico.

Este mismo ejemplo lo vemos en la tienda de ropa Zara. Sus precios no son altos ni económicos, pero lo que la hace tan popular es que siempre está en las mejores plazas de todas las ciudades, y cuando un cliente compra allí, eso le manda un mensaje al cerebro de superioridad; el cerebro se siente elegante, se siente con poder adquisitivo; se siente feliz y eso es lo que ama.

<u>Zara sabe cuál es la necesidad de sus clientes y se las satisface a la perfección</u>, porque sus tiendas no le piden nada a las tiendas de los grandes diseñadores, y entrena muy bien a su personal para que sepan tratar a los clientes.

La idea principal, y que Zara lo sabe muy bien, no es vender barato ni caro, sino que exista una relación entre el precio-calidad. Y si para el cerebro parece de buena calidad, estará dispuesto a pagar más.

Hay un dicho que dice *"a donde fueres haz lo que vieres"*, y como lo mencionamos al principio, tus precios deben estar ligados a la zona en la que vendas. Y tal vez no tendrás el mismo margen de ganancia por vender tus productos a diferentes precios, pero mientras no te genere pérdidas, es lo más adecuado; porque el lugar donde se ubica tu negocio va de la mano con el precio.

¿Y qué pasa con las ofertas?

Tampoco van a funcionar de la misma manera las ofertas en

una zona con una plusvalía elevada que en una colonia con recursos limitados. Los clientes de zonas con plusvalía alta, esperan ofertas considerables y temporales. Y las aprovechan. Mientras que en una zona con recursos más limitados, los clientes esperan ofertas y buenos precios todo el año. Todo debe ir de la mano.

Las Ventas Online

Aquí el asunto es más parejo. Los compradores online tienen un comportamiento distinto, y siempre esperan buenos precios, aunque estén buscando un iPhone o una playera Calvin Klein.

Las ventas online, permiten a los consumidores comprar precios, pero también buscan envíos gratis, y hasta que tu sitio web tenga buenas reseñas. Lo destacable es que, yo te recomiendo, que tus precios online, siempre sean un poco más baratos que los precios físicos.

En conclusión, no regales tu trabajo. Si bien hay factores que influyen para poner el precio, siempre busca tener un precio competitivo, que esté a la par de los precios del mercado, te aseguro que hará clientes dispuestos a pagar.

No tengas miedo a cobrar, que las ganancias serán el oxígeno que mantenga con vida a tu negocio; además que el precio, también determina el prestigio de una marca. Es mil veces mejor que la gente te compre porque eres el mejor, a porque eres barato.

RESUMEN DEL CAPÍTULO

1.- El cerebro siempre busca variedad. Y la mejor forma de aprovecharlo es ampliando la gama de los productos y /o servicios que ofreces.

2.- Un lugar que parece inseguro, alejará a tus clientes y a tus sueños de tener grandes ventas.

3.- Antes de tener un local comercial, piensa en:

-Vender aquello que satisfaga las necesidades reales de tus clientes. Ten variedad de productos y servicios.

-Tener una buena ubicación. Que sea segura y en una zona ancla, para que tengas clientes recurrentes y no temporales.

4.- El precio se determina por la suma de la cantidad de tiempo invertido en su elaboración, más

CAPÍTULO 8

Enamora los Sentidos

¡Hola nuevamente! En este capítulo vamos a analizar algunas estrategias que te serán de gran ayuda en tu punto de venta, son estrategias que yo he aprendido a los largos de estos años, y si bien no son nuevas (y mucho menos yo las inventé), son realmente útiles para atraer clientes recurrentes. Estás estrategias las utilizan muchos negocios exitosos, como Zara, Wal-Mart, Home Depot y muchas otras más.

Lo mejor, es que encontrarás estrategias para todo tipo de negocios.

El marketing sensorial

El marketing sensorial ha tomado gran relevancia para las PYMES en los últimos años porque están entendiendo la importancia que tiene persuadir por los sentidos a los clientes para motivar a la compra.

La mayor parte del marketing sensorial o marketing de los sentidos, está dirigido a los clientes, porque son ellos quienes viven la experiencia del proceso de compra. Pero esto no quiere decir que los consumidores no se vean beneficiados, como por ejemplo, con el packaging en el que vienen los productos. Este tipo de marketing pretende crear experiencias estimulando los 5 sentidos de las personas, que son: el tacto, el gusto, el olfato, el oído y por supuesto, la vista.

Una de las funciones de los sentidos, es que son capaces de traer recuerdos al presente, como el fuego, por ejemplo, sabemos que lastima porque lo sentimos, también la música tiene el poder de ponernos felices o tristes, dependiendo lo que signifique para nosotros. Y eso es precisamente lo que trata de evocar el marketing de los sentidos, que un cliente sea capaz de reconocer una marca no sólo por su logotipo (lo visual), sino también por su música, por su olor, etc.

Estimular los sentidos de los clientes te ayudará considerablemente a mejorar su percepción hacia la marca. Lo que se traducirá en un aumento en la tasa de compra y en la posibilidad de retorno a tu negocio.

¿Por qué es Importante Estimular los Sentidos?

Los seres humanos somos capaces de interpretar la información sensorial que nos llega del exterior hacia nuestro cerebro, gracias al sistema límbico. Pero también, se llegan a activar varias zonas del córtex cerebral durante este proceso, es decir, se ven involucrados ambos hemisferios del cerebro al mismo tiempo.

Como ya lo mencionamos, las sensaciones son capaces de activar los recuerdos que se encuentran en la corteza prefrontal del cerebro; al momento que son activados, se acompañan de emociones inevitablemente, y si lo vemos desde el punto de vista mercadológico podríamos decirlo de la siguiente manera: si tu marca activa emociones positivas en el cerebro, estas ayudarán a la lealtad, vinculación y a una relación duradera entre el cliente y la marca.

Ojos que ven, corazón que SÍ siente

El sentido más importante para los clientes es el de la vista, y por supuesto que es donde las PYMES deben de poner mayor énfasis.

Los ojos son el medio por el cual el cerebro percibe e interpreta más del 70% de las emociones que sentimos en un día. Los expertos en Programación Neurolingüística afirman que los ojos realizan diferentes movimientos dependiendo de la actividad que esté llevando a cabo el cerebro:

a) Cuando estamos nostálgicos o recordamos algo, los ojos miran arriba a la izquierda;

b) Cuando tenemos proyectos que nos ilusionan o pensamos en el futuro, los ojos miran arriba a la derecha;

c) Cuando algo nos preocupa, los ojos miran abajo a la izquierda;

d) Cuando estamos tristes, los ojos miran abajo a la derecha;

e) Cuando estamos nerviosos, los ojos se mueven a todos lados y no se concentran en nada.

Los ojos también son la guía de todo el cuerpo humano, porque a donde miran tus ojos, va tu cuerpo. Sin duda, el sentido de la vista es el mejor para llegar y crear vínculos emocionales con tus clientes.

De la vista nace el amor, y si quieres que tu negocio enamore a tus clientes debes de hacerlo atractivo para sus ojos; y un negocio debe de cumplir tres condiciones para que sea considerado para el cerebro como *"bonito"*: la limpieza, los colores y el acomodo de los productos.

Sea cual sea el giro de tu negocio siempre debe de estar muy limpio porque en este caso, la suciedad es asociada por nuestro cerebro como sinónimo de pobreza, y si tu negocio está sucio, el cerebro de tus clientes lo verá como un lugar donde no encontrará calidad. Y eso en el mejor de los casos.

Antropológicamente, las personas se alejan de lugares que no son limpios, porque el cerebro sabe que la mugre es capaz de enfermar al organismo, así que instintivamente causa repulsión y se aleja. Además, no sólo se trata de que tu negocio esté verdaderamente limpio, sino también de que aparente ser limpio. De nada sirve que diario hagas una extrema limpieza en todo tu establecimiento si para los ojos de los clientes no parece estar limpio.

Una buena forma de mandarle al cerebro el mensaje de que tu negocio está muy limpio es a través de las luces. La iluminación juega el papel más importante para los ojos. Así que debes asegurarte que todo tu negocio tiene la iluminación correcta. Te has fijado que dentro de los hospitales está perfectamente iluminado cada pasillo y habitación, esto es para que el cerebro tenga la percepción de que el lugar es limpio y le dé confianza.

Lo más recomendable es usar luz blanca o en general clara. Las luces de colores sólo funcionas en bares y antros. Las grandes tiendas departamentales tienen luces claras por doquier y no sólo ayudan a que el lugar se vea más limpio y agradable, sino, también más elegante.

Las luces no sólo ayudan a iluminar tu local, sino también los productos; por ejemplo, las luces son muy utilizadas para hacer que las frutas se vean más jugosas o los muebles más bonitos. Las luces debes estar colocadas en lugares estratégicos, con el objetivo de resaltar aquellos productos que quieres que sean notados por tu cliente.

Tengo un cliente de Guadalajara, México, que tiene una tienda de ropa en el centro histórico, y a pesar de que estaba perfectamente ubicada, los clientes que tenía no eran los que él esperaba. Fui a su tienda y no tardé mucho tiempo en descubrir el problema: la tienda era muy oscura. La única iluminación que tenía era la que entraba por la entrada principal y la de algunos cuantos focos que había dentro.

Aprovechamos para mejorar su merchandising al mismo tiempo que implementábamos una estrategia de iluminación. Esto trajo como consecuencia que sus ventas se dispararán en un 15% más el primer mes. Y en menos de 6 meses recuperó la inversión hecha en remodelar su negocio.

La luz es poderosísima cuando de enviar mensajes al cerebro se trata, así que si sabes aprovecharla de la forma correcta te traerá grandes beneficios y en corto tiempo.

La Psicología del Color

¿Recuerdas cuando hablamos de la psicología del color en el logotipo? Pues también es importante que la utilices dentro de tu negocio.

Está comprobado científicamente que los colores influyen en el cerebro de las personas, así que debes de tenerlo muy en cuenta a la hora de pintar las paredes de tu negocio y a la hora de elegir el color de los muebles, utensilios y decorados.

Por ejemplo, el color azul es el mejor para oficinas. El rojo es el mejor para restaurantes, pero si es un restaurante de *"comida sana"* el mejor es el verde. También los colores de los muebles y utensilios influyen mucho, por ejemplo, los muebles negros o en tonalidades oscuras, son automáticamente más pesados para la mente que los de colores claros. También he ido a restaurantes donde la comida la sirven en platos de color negro, y esto es porque el negro es el color de la elegancia, pero debemos saber dónde utilizarlo, porque también es el color de lo malo; de lo negativo; de la muerte; y si la comida es servida en platos negros, tu cerebro ya está programado para que esa comida no le guste y no quiera comer, y si lo hace, no comerá mucho.

Si tu negocio es un lugar dedicado a niños, entonces utiliza colores explosivos como el amarillo o el naranja; los padres lo odiarán, pero los niños lo amarán y qué padre no quiere complacer a su hijo, así es, todos.

Los pisos de color blanco harán que se vea más iluminado el interior de tu establecimiento porque refleja con mayor eficacia la luz. Los pisos rústicos también le gustan mucho al cerebro porque sus colores le recuerdan a la naturaleza.

Por último, te aconsejo que los colores de tu identidad corporativa estén dentro de tu establecimiento, esto, para que el cerebro de tus clientes identifique mejor tu marca.

El Cerebro y el Merchandising

¿Crees que el acomodo de los estantes y maniquíes de las tiendas de Calvin Klein sean casualidad? ¿Te has preguntado por qué los supermercados tienen lo más indispensable al final de su tienda?

...Pues esto es obra del merchandising.

La mayor parte del impacto visual que tu negocio pueda causar en el cerebro de los consumidores está en el merchandising. Ya mencionamos que compramos con los ojos, por lo que un negocio atractivo hace la diferencia entre vender y no hacerlo.

Starbucks es un claro ejemplo de esto, e independientemente de la gran experiencia que brinda a sus clientes, tiene un merchandising muy elegante y atractivo. Las fotografías de sus productos son grandes, de alta calidad y bien iluminadas; y las tiene colocadas de tal manera que es imposibles no verlas y que se te antoje comprar algo.

Los colores que utiliza son cálidos, por lo que mandan al cerebro un mensaje positivo. Y todo eso empata muy bien con el diseño y acomodo del resto del establecimiento.

Tener un merchandising adecuado ayudará a tu cliente a 2 cosas principalmente:

1.- Reducir el tiempo de compra, es decir, el merchandising busca facilitar la decisión de elección de los clientes.

Tu objetivo a la hora de crear tu merchandising es que el cliente se vea persuadido todo el tiempo, es decir, que no razone la compra, así se dejará llevar por las emociones que le causa tu producto.

Te voy a platicar la experiencia que viví hace poco, tengo una clienta que tiene una tienda de zapatos en la Ciudad de México, su línea de calzado no es muy económica, así que su problema era vender (que casi no se da entre los emprendedores).

El problema que encontré es que sus productos *"estrella"* (que eran los que quería vender con mayor urgencia porque eran los más caros), los ponía en aparadores especiales, y sólo tenía al *"zapato estrella"*, sí tenía con algunas luces y pequeños adornos, pero sin ningún otro producto acompañante. Ella pensaba que así, las personas que entraran a su tienda lo podían apreciar mejor y se convencerían de comprarlo.

Sin embargo, lo que ella no sabía, es que al cerebro para que lo motives a comprar, primero debes de darle razones, y estas razones se las puedes dar a través de la comparación. Cuando el cerebro ve un producto, por más bonito y eficiente que sea, pero no tiene un punto de comparación para verdaderamente darse cuenta de todas las maravillas de dicho producto, lo más probable es que termine ignorándolo.

Así que los *"zapatos estrella"* los pusimos junto con otros zapatos más económicos, pero eso sólo fue el principio de la estrategia. Ya que al cerebro le gusta que le pongan 3 opciones (quizá porque desde siempre estamos acostumbrados a elegir entre *"a"*, *"b"*, o *"c"*), y si ponemos el *"producto estrella"* en medio de otras 2 opciones más baratas y de menor calidad, lo más probable es que el cerebro termine eligiendo la opción del *"producto estrella"*. Y todo porque ya tiene un punto de comparación.

Y así lo hicimos, pusimos sus *"zapatos estrella"* en medio de otros productos más baratos y de menor calidad, y la estrategia no tardó en dar los resultados esperados.

2.- La segunda ventaja que debe dar tu merchandising es que fomente que tus clientes compren más.

¿Y cómo vas a lograr que los clientes compren más productos? El secreto se llama venta cruzada.

El mejor ejemplo de ello son los supermercados, donde en el pasillo de refrescos también encuentras las botanas, o el pasillo de lácteos está en la parte posterior del establecimiento para que antes tengas que pasar por los pasillos de cereales o de galletas.

Se estima que menos del 45% de las compras son racionales, o dicho en otras palabras, más del 50% de las comparas son impulsivas y, por lo tanto, manipulables.

Una venta cruzada exitosa es aquella en la que los productos forman en el cerebro, un estereotipo perfecto de lo que el cliente desea tener o quien desea ser. El merchandising tiene que despertar el deseo de los clientes o crear una necesidad instantánea, un ejemplo de esto, podría ser las golosinas o las revistas que encontramos en las cajas de los supermercados.

La venta cruzada trae consigo una serie de ventajas que van más allá del aumento de las ventas, como la optimización en algunos costes e incluso la fidelización del cliente.

Optimiza tu Tienda Física

A pesar de que la optimización es un término que ha cobrado auge gracias a la digitalización, eso no quiere decir que no se pueda optimizar un negocio tradicional, y por supuesto, la forma de hacerlo es creando un merchandising funcional y atractivo.

Un buen merchandising tiene un orden y ciertas reglas, y a continuación vamos a hablar un poco de ellas. El cerebro está acostumbrado a ciertos estándares de conducta, y siempre espera que un negocio esté adecuado a dichos estándares. Lo más común, es que espere que los productos estén acomodados por categorías, incluso hay señalamientos que nos dicen en dónde está lo que estamos buscando.

Los productos también se suelen dividir por marcas y en tipo de presentación (kilogramos, litros, etc.). Siempre es aconsejable que estén acomodados en línea recta y sobre estantes altos.

Los productos más populares deben estar en la parte superior de los estantes, esto para que estén al nivel de los ojos, al ser tantos productos agrupados en un solo pasillo, la vista periferia se reduce y se enfoca en lo que el ojo ve de frente. El nivel intermedio de los estantes es igual de efectivo que el superior, puesto que es el nivel de las manos. Si el cliente está buscando una botella de vinagre, prefiere tomar el que está más cerca de sus manos que la que se encuentra por arriba de su cabeza y se tiene que estirar para alcanzarla. Los estantes inferiores son los menos productivos en cuanto a ventas, pero es aconsejable que los productos más grandes como un bote de detergente de 5 litros se encuentre en este apartado; al ser grandes llamarán la atención y sobre todo, le será más fácil de tomar al cliente. Las golosinas, panecillos, jugos y demás alimentos altos en calorías también van muy bien en los estantes inferiores porque son más accesibles a los niños.

Tu negocio debe de tener pasillos principales que se recomienda conduzcan a la caja de cobro, y pasillos de acceso, que ayudan a conectar toda la tienda y llegar a las diferentes secciones.

Si tienes una tienda de ropa, el llamado merchandising abrazo, es el más efectivo para que los clientes se sientan cómodos. Ya que como su nombre lo indica, por su acomodo da la sensación de estar abrazando a los clientes. En la siguiente imagen veamos un ejemplo del merchandising abrazo:

El merchandising también es exterior y aplica a todos los negocios, y va desde un lugar para estacionarse con los señalamientos bien claros, hasta tener carritos de comparas a la entrada. Las entradas deben ser amplias y libres de obstáculos (como escalones). Si tienes un negocio de ropa, productos deportivos, o tienda de mascotas, podrías tener un escaparate para atraer más a los clientes. Y enseguida hablaremos de él.

Crea un Escaparate de Alto impacto

Un escaparate es la carta de presentación de tu negocio, así que debes dedicarle tiempo y preocuparte por todos los detalles.

Los escaparates son buenos para atraer la atención de los transeúntes que pasan por fuera de tu negocio, y mostrarles algo de lo mucho que pueden encontrar adentro. Yo creo que a la mayoría de los compradores nos ha pasado que vemos un producto de nuestro agrado exhibido en algún escaparate, como por ejemplo, una playera, y nos metemos a la tienda para verla más de cerca y tocarla, vemos el precio, e inclusive es probable que vayamos a los probadores sólo para vernos frente al espejo cómo nos queda esa playera. Hacemos todo lo posible de convencernos de comprarla.

Y esa es la función principal del escaparate, ser la flor que atraiga a las abejas (que en este caso son tus clientes). Y con ayuda del merchandising, puedes persuadir a que el cliente compre algo más.

Recomendaciones Para Crear un Escaparate

Recuerda que la finalidad es atraer a tus clientes hacia dentro de tu negocio. Por lo que echar a volar la imaginación es la médula espinal. No temas en arriesgarte y hacer cosas un *"poco locas"*, pero desde el punto de vista visionario y creativo, no refiriéndome a lo absurdo.

Te recomiendo que mezcles productos populares con otros que no lo son tanto. Muchos de los productos que no se compran en una tienda, son porque los clientes no los conoce, así que el escaparate, es un buen lugar para que conozcan esos productos. El escaparate manda al cerebro un mensaje de *"popularidad"*, *"moda"* y *"tendencia"*, es decir, los productos que vemos expuestos en los escaparates por lo general pensamos que son las nuevas modas; lo que todo mundo está usando en ese momento, y por supuesto, queremos tenerlo o usarlos también.

Mezcla productos populares con otros que no lo son tantos para que despierte en el cerebro el deseo de comprarlos

Si tu tienda de es de ropa, es imprescindible que tengas prendas puestas sobre maniquíes, ya que la gente se quiere imaginar con la prenda puesta y si le das una figura humana, la motivarás mucho más.

Los productos del escaparate se deben de renovar con cada temporada y tú debes estar al día de las últimas novedades para que tus clientes las puedan conocer. Rota la mercancía cada 3 o 4 semanas para que los transeúntes puedan ver la variedad que ofreces. La iluminación y los colores juegan el mismo papel de importancia que en el interior de tu negocio. También procura limpiar los cristales frecuentemente.

Los escaparates son perfectos para presentar ofertas. Utiliza colores como el amarillo combinado con rojo o negro para atraer la atención. Y te aconsejo que terminen en 5, 7 o 9 porque llaman más la atención, por ejemplo $9.99, $44.77 o $39.50, el cerebro lo tomará más barato a que si pones $10, $45 o $40 respectivamente. Si te interesa saber más acerca de la psicología de los precios, no dudes en leer mi libro *"El Producto Perfecto"*.

Algo que debes de tener en claro, es que los escaparates no son una extensión de tu negocio, son una motivación para que el cliente se sienta atraído a entrar. Así que no temas innovar y contar historias, o montar ciertas temáticas, como lo mencionamos al principio de este apartado.

La estrategia visual es de mucha importancia porque será el punto de anzuelo entre tu marca y tus clientes. Y talvez tengas que invertir para que el marketing visual sea capaz de atraer clientes, pero si se hace de la forma correcta, esa inversión pronto se recuperará. Tus planes de marketing deben de tener contempladas distintas estrategias, porque las estrategias tienen el poder de ser flexibles, así que, si una no te está dando el resultado esperado, es momento de pasar a la otra.

Marketing del gusto

Si alguien desea vender productos comestibles debe recurrir al marketing del gusto, sin embargo y de acuerdo a mi experiencia, este tipo de marketing es el segundo más difícil; ya que la publicidad de algo que se come, debe ser antojable sólo con imágenes o con un spot de 30 segundos.

El marketing de la comida ha crecido a tal manera, que ya hay profesionistas (principalmente fotógrafos) especializados en esta rama del marketing. Y no es para menos, si una imagen debe ser capaz de despertar en el cerebro el antojo, y las ganas de comprarlo.

Si tienes un negocio de alimentos, te sugiero que tus campañas de marketing sean de extremada alta definición y estén bien iluminadas. Si vendes alimentos cárnicos, asegúrate de que la publicidad esté llena de carne y que se vea jugosa y grasosa. El cerebro ama la comida *"insana"* porque aquello que no está permitido (o al menos no exceso) lo desea mucho más.

Pero no todo es malo, ya que el sentido del gusto es el que más perdura en el cerebro de las personas, según estudios, lo que probamos crea recuerdos 50% más rápido que lo que escuchamos, tocamos u olemos, y esto puede ser un arma de doble filo, por ejemplo, si tienes un negocio de alimentos, y tu comensal no salió del todo satisfecho con lo que comió, hay un 50% más de probabilidad que ese comensal no regrese.

Los sabores que entran por la lengua, se desplazan hacia el lóbulo temporoccipital del cerebro, creando de manera casi instantánea, una percepción de lo que consumió, y por lo tanto un recuerdo. Dichos recuerdos, son los más arraigaos en el cerebro, lo que los convierte automáticamente en *"casi imposibles"* de cambiar en un futuro.

Y lo mismo pasa a la inversa, es decir, si algo *"gusta"* al cerebro, automáticamente tendrá una percepción positiva de la marca, y con mucha dificultad cambiará de parecer.

Hablemos de Comida

Si tienes un negocio de comida, sólo vas a tener clientes por 2 razones: el sabor o el precio. Nunca van a ir con la disyuntiva *"y"* porque cuando algo es demasiado bueno para nuestro paladar, no nos fijamos en cuánto cuesta.

Si decides abrir un negocio de comida, que no sea porque tu marido te dice que cocinas rico, sino porque tú tienes la certeza que tienes una gran sazón. Conozco personas que no les importa atravesar la ciudad sólo por ir a comer a su restaurante favorito (me incluyo). Por lo tanto, debes de esmerarte en las preparaciones y utilizar ingredientes de calidad si deseas que tus clientes regresen. Yo soy de la ciudad de Guadalajara, pero vivo en la Ciudad de México, y cuando alguien me pregunta si extraño mi ciudad, lo que respondo es *"extraño la comida"*.

El paladar crea emociones y es capaz de transportar a la gente en el tiempo. Aprovéchate de eso para hacerte de muchos clientes. Vende cosas a las que las personas están acostumbradas a consumir, por ejemplo, yo si vendiera tortas ahogadas (un platillo típico de Guadalajara) en donde vivo ahora, sería un rotundo fracaso simplemente porque las personas no están acostumbradas a ese tipo de platillos. Tú tienes que vender comida deliciosa pero que sea típica de tu localidad, recuerda que la sociedad es la que impone lo que debemos de consumir y lo que no.

Extraños Sabores

Si bien en el apartado anterior te sugerí que vendas alimentos que las personas estén acostumbrados a comer, eso no quiere decir que lo innovador y diferente no tenga cabida en el marketing gustativo.

La comida peculiar también puede tener mucho éxito, pero siempre debe tener un sentido más gourmet. Tu comensal debe sentir que paga por un plus, por una experiencia o por una posición, no por lo que consume.

Esta es la estrategia de marketing que siguen los restaurantes más exclusivos del mundo, ellos venden recuerdos de glamour y les funciona muy bien.

Y ahora ya sabes por qué las empresas alimenticias siempre, siempre, siempre tienen promotores en los supermercados ofreciendo *"muestras gratis"* de sus productos.

Marketing del olfato

¿Te has preguntado por qué la gente se acostumbra a estar cerca de malos olores? La respuesta te sorprenderá:

Resulta que nuestro sentido del olfato es el único que se puede *"adaptar"*, así es, cuando percibimos olores que no nos agradan, el cerebro inmediatamente buscará adaptarse al olor e interpretarlo como algo *"normal"*, por lo que al poco tiempo, ya no lo encontrará desagradable.

Pero eso no quiere decir que los malos olores sean buenos para tu negocio. En algún lugar de la Ciudad de México, hay una zona donde una cuadra completa está dedicada a puestos ambulantes, principalmente tacos. Los puestos son muy limpios, pero hay un detalle por el que jamás en la vida yo comería en ese lugar. Resulta que la calle donde están instalados los puestos es muy sucia, pasa mucho el transporte público y las alcantarillas expiden un olor horrible. Supongo que los comensales, pasan por ese lugar de forma muy habitual, y es por eso que ya están *"acostumbrados"* a ese olor. Pero en general, <u>el olor es algo que debes de cuidar mucho de tu negocio.</u>

El sentido del olfato nos fue dado para sobrevivir, porque aquello que huele mal significa que ya no es comestible o que no es sano, así que encárgate de que tu negocio huela bien todo el tiempo.

Recordarás que te mencioné que el gusto es el segundo sentido más difícil de aplicar en el marketing, pues adivina que, el primero es el marketing del olfato. Su principal objetivo dentro del marketing es ayudar a la fidelización del cliente, a través de recuerdos positivos.

Las personas logran recordar con mayor facilidad lo que huelen con un 35% más, a diferencia de lo que ve, por ejemplo, que sólo representa el 5% de los recuerdos.

La mamá de mi pareja ya murió, y me dice que el mejor recuerdo que tiene de ella es su olor, y seguramente tú también tienes un recuerdo con algún olor, por ejemplo, que hueles un aroma y de inmediato te recuerda al perfume que usaba alguien cercano a ti, o cuando comes tu platillo favorito lo primero que haces es olerlo, y no es para menos, si la nariz de los humanos es capaz de percibir más de 10 000 olores.

Utilizar los aromas para quedar atrapado en la mente de los clientes no es algo nuevo, pero si está tomando mucho auge entre las PYMES, y sin duda utilizarlo será muy eficaz en tus estrategias de marketing. Imagina lo que lograrías si tu negocio tiene un aroma peculiar que agrade a los clientes, estoy seguro que ellos te lo agradecerán acordándose de tu marca más fácil.

Tener un avatar de cliente ideal también te ayudará a determinar cuál es el aroma más apropiado para tus clientes; ya que los aromas no se hicieron para gustarle a todos, por lo que tener el aroma correcto es la tarea complicada de todo esto.

Una vez que tengas el aroma correcto es hora de trabajar en tu odotipo, es decir, el aroma que caracteriza a una marca y que es capaz de generar emociones entre sus clientes. Los odotipos se caracterizan por ser únicos ya que definen en el cerebro una marca determinada.

¿Cómo Crear un Odotipo?

Lo más recomendable es que te asesores de expertos en el tema, porque sí, ya hay empresas que se dedican a crear el marketing aromático de tu empresa, y ellos podrán decirte de una manera más profesional y acertada la combinación de aromas más conveniente para tu giro comercial.

También te recomiendo que antes de elegir, optes por tener un abanico amplio de opciones (al menos 3) y que en su elección intervengan personas involucradas con tu marca. Eso te ayudará a tener diferentes puntos de vista y lograrás identificar el aroma que le guste a la mayoría.

Si deseas ir más allá, acude a tus clientes para elegir el aroma, ellos no se equivocarán y de paso, les mandas un mensaje a su cerebro diciendo: *"eres importante para mí, y te tomo en cuenta en mis decisiones importantes".*

El olfato también influye en la decisión de compra y por eso es preciso identificar cuál es el olor más apropiado para tu negocio, por ejemplo, todo mundo amamos el *"olor a nuevo"* de las cosas; y las tiendas departamentales no huelen a pisos bien lavados con detergente, huelen a ropa y zapatos nuevos. Mi sobrinita de tan sólo 2 años, la última vez que estuve de visita en casa de mi hermana, se acercó a mí y me dio su muñeca para que la oliera, y me dijo: huele a nuevo.

El cerebro asocia olores con emociones, e identificar las emociones que originan tus productos sobre tus clientes es punto vital para desarrollas cualquier estrategia de marketing.

En cambio, lo hoteles sí huelen a cristales limpios, a madera, a suavizante y a aromatizantes que se difunden por el aire acondicionado porque su objetivo es conectar tu mente a la sensación de estar en casa o en contacto con la naturaleza (dependiendo del concepto del hotel). Este tipo de marketing aromático, va dirigido a crear en tu cerebro la comodidad y tranquilidad de sentirte en casa.

El objetivo de un perfume no es que tú huelas bien, sino que los demás te reconozcan por tu aroma. Dale a tu cliente productos o servicios para que sea feliz y olores para que regrese.

Conclusión

Dale a tu cliente productos para que sea feliz y olores para que regrese.

Audiomarketing

La función principal del marketing auditivo es mejorar los niveles de ventas de un producto o servicio.

Al igual que los colores, los sonidos son capaces de crear una influencia muy poderosa en el cerebro humano, pero en este caso, los sonidos musicales lo hacen en un 300% más.

La música es tan poderosa dentro de la publicidad que los spots televisivos, así como los digitalizados, están musicalizados en un 99%. Y el otro 1% no es que no tenga música, sino que tiene sonidos ambientales. Y son muchas las empresas que se han valido de esto, para posicionarse efectivamente en el cerebro de las personas, aunque no sean sus clientes-consumidores.

Nokia

La empresa de celulares Nokia, es un gran ejemplo de un buen marketing auditivo. Si hablamos de Nokia, seguramente viene a tu mente su famoso ringtone que estuvo sonando por varios años en los celulares de sus usuarios.

Y aunque te parezca difícil de creer, ese ringtone tan famoso fue creado en 1902 y formaba parte de la canción *"El Gran Vals"* del guitarrista Francisco Tarrega. Y Nokia lo agregó por primera vez en 1992 en su equipo Nokia 1011.

Fue hasta 1999 cuando Nokia obtuvo los derechos del nombre y se constituyó oficialmente como el ringtone predeterminado de Nokia.

Y hoy, cualquier persona que escuche esos acordes musicales, inmediatamente son transportados a los teléfonos celulares de Nokia, y más aún, ese tono musical es capaz de crear emociones en las personas que lo escuchan, a casi 30 años de su popularidad.

Coca-Cola

Otro gran ejemplo de un excelente audiomarketing es el gran emporio de Coca-Cola.

Cabe señalar que la empresa lo que busca transmitir es felicidad, y la música de sus spots hace que su tarea se maximice. Si prestas atención a la música de cualquier comercial de Coca-Cola automáticamente te pones feliz; te transmite una alegría repentina y te invita a ver completamente todo el mensaje que te quiere enviar.

La empresa, ha sido pionera en cuanto al neuromarketing se refiere, y es por eso que hoy en día, es una de las 10 empresas más poderosas del mundo. Coca-Cola apela a las emociones, y lo hace aprovechándose de todos los sentidos de las personas.

El refresco no sólo sabe bien, también se ve bien, huele bien y se escucha bien.

Analizando la música...

La música es un buen medio para transmitir los valores de una marca ya que el cerebro asocia la música a 3 sentimientos principalmente: el amor, el desamor y la alegría. A continuación, vamos a ver el impacto de diferentes géneros musicales en el cerebro:

- **Góspel.** Trasmite al cerebro optimismo, es una melodía con ritmos apasionados, por lo que suele levantar el ánimo de las personas que lo escuchan.

- **Rock.** Contrario a lo que se piensa, el rock es muy bueno para el cerebro. Este género musical hace olvidar problemas por lo que es un medicamento natural para mejorar el ánimo y disminuir el estrés.

- **Clásica.** Quizá es el género musical del que más hemos escuchado los efectos que tiene en el cerebro de quienes lo escuchan. La música clásica fomenta el aprendizaje; hace más eficiente la memoria y el cerebro está más dispuesto a aprender. Sus efectos son similares a los que provoca la meditación en el cuerpo.

- **Soul y Baladas.** Son melodías ligeras y por lo general alegres y bailables, por lo que en el cerebro son capaces de liberar oxitocinas (hormona de la felicidad) y poner de muy buen estado de ánimo.

- **Metal.** Existen dos tipos de géneros musicales que recomiendo nunca poner en publicidad o como música ambiental dentro de un establecimiento, y este género es uno de ellos.

El metal es la música agresiva; es capaz de liberar testosterona y cuando pasa el efecto, propicia la nostalgia. Este género no le va bien a ningún establecimiento, al menos que tengas una arena de box.

- **Electrónica.** Es la música energética, capaz de dar al cerebro motivación y fuerza de arranque, y por eso es el género preferido de las personas que practican algún deporte; y por supuesto es el mejor género si tu negocio gira a este factor.

- **Reggeaton y Cumbia.** Este es el segundo género musical que tampoco recomiendo que esté de música ambiental en un negocio. Estos géneros producen en el cerebro efectos opuestos a los que produce la música clásica, es decir, disminuye la capacidad cerebral, la memoria a corto plazo y hace más difícil el aprendizaje. Si utilizas este género musical, es probable que tus clientes salgan de tu tienda, más pronto de lo que quisieras, ya que tiende a irritar rápidamente.

- **Pop.** Esta es la música de la rutina diaria, por lo que es muy aconsejable a la hora de hacer publicidad o de ambientar un negocio. Es un género que despierta el gozo y hay estudios que demuestran que es capaz de liberar estrógeno (hormona sexual) en algunas mujeres.

El ritmo de la música también influye en la conducta de los compradores, por ejemplo, se ha comprobado que los centros comerciales utilizan música más movida y rítmica, en las horas donde hay más clientes, y música más tranquila, en los periodos de tiempo que hay pocos clientes.

También te recomiendo que utilices música de acuerdo a la época del año. Por ejemplo, en navidad, la música navideña motiva al cerebro a comprar más.

Música Segmentada

Lo más recomendable es que la música que acompañe tu marca sea de acuerdo con tu avatar de cliente ideal. Y para segmentar la música es preciso que te pongas en los zapatos de tus clientes y estés al tanto de las tendencias rítmicas; ya que la música que le pude gustar a un joven, no va a ser la misma que le guste a una madre o a un hombre anciano. Bershka, por ejemplo, tiene muy bien segmentado su estrategia de marketing auditivo, y en sus tiendas tiene música ideal para los jóvenes, y aunque puede ser una música que fastidie a la gente mayor, eso no le importa porque su cliente objetivo son los jóvenes.

La música forma parte de los seres humanos desde que estamos dentro del vientre materno, inclusive hace poco se viralizó en internet un experimento en el que unos pequeños niños (no mayores a 2 años) los dejaban solos en una habitación; y cuando los pequeños empezaban a incomodarse con la soledad, le transmitían por unas bocinas el sonido del latido del corazón de su madre (para esto, la madre tenía unos micrófonos cerca del corazón y observaba a su hijo junto con los investigares en otra habitación). La respuesta de los infantes fue la esperada, los niños al escuchar el latido del corazón de su madre se empezaron a tranquilizar, y algunos hasta sonrieron.

La conclusión fue que, los niños no sólo eran capaces de reconocer el latido del corazón de la madre, sino que también se despertaba en ellos sentimientos de felicidad y tranquilidad.

Y la música tiene el mismo efecto en todas las personas; el cerebro ama la música y debes aprovecharte de ello para estar presente en la mente de los clientes-consumidores.

El marketing y el sentido del tacto

El tacto es un sentido muy importante para todos los individuos, ya que gracias a él, tenemos la certeza de que el mundo existe.

Por allí dice un dicho *"ver para creer"*, pero yo dijera que es más correcto decir *"tocar para creer"*, porque todo aquello que es palpable se vuelve real para nosotros. Pero tiene una función todavía más importante, la cual es: el descubrimiento.

Gracias a nuestras manos descubrimos el mundo, por ejemplo, si un amigo te muestra su nuevo teléfono celular, le preguntas ¿puedo verlo?, pero en realidad quieres tocarlo; quieres sentirlo en tus manos para *"apreciarlo mejor"*. El tacto nos ayuda a buscar información, es como si fueran unos escáneres con miles de terminaciones nerviosas que nos ayudarán a concluir si algo nos gusta o no.

Y este sentido es clave para que una persona que entra a

nuestra tienda se convierta en un cliente o no. Todavía no me cabe en la cabeza cómo hay tiendas con enormes letreros sobre sus productos que dicen *"No Tocar"*, eso sólo le envía un mensaje al cerebro que dice "no es para ti; no puedes tenerlo" y rápidamente pierdes el interés en comprar. Los seres humanos necesitamos tocar lo que nos gusta; porque al sentir el producto es como si ya lo hubiéramos comprado y nos motivamos mucho más.

El sentido del tacto funciona como un puente que lleva a los clientes a la acción, y en vez de letreros que digan *"No Tocar"*, deberían decir *"Tócame", "Pruébame", "Disfrútame"*.

El marketing del tacto es más importante para el cerebro en unos productos que en otros, y todo depende del nivel de importancia que el producto tenga para la persona; sin embargo, un estudio de la escuela de negocios de Wisconsin determinó que para el cerebro es muy importante tocar los electrodomésticos, tecnología, ropa, zapatos y productos de consumo antes de comprarlos.

Un buen ejemplo de una gran estrategia de marketing táctil es la empresa telefónica Telcel, lo primero que ves al entrar a sus tiendas son largas mesas que tienen varios dispositivos móviles para que los usuarios puedan manipularlos. Otra característica que tiene, es que no hay nadie que vigile a los usuarios mientras están entretenidos explorando los dispositivos, Telcel sabe que darles la libertad a los usuarios para que ellos mismos descubran las características y funciones de los celulares o tablets, ayuda a que el cerebro le guste más y que se sienta en libertad mientras lo hace.

La estrategia de *"usar los productos"* antes de comprarlos en una excelente forma de persuadir al cerebro de los consumidores y motivarlos a comprar. No tengas tus productos detrás de vitrinas (al menos que se trate de un escaparate o de joyería) y permite que tus clientes los toquen y se los prueben.

Y aquí llegamos al fin de este apartado del marketing sensitivo; este tipo de estrategias siempre darán mejor resultado si se combinan entre sí, por ejemplo, en una tienda de artículos para bebés en el continente asiático, tuvieron la brillante idea de rosear con aroma de *"talco para bebé"* toda su tienda, y a eso le aunaron música ambiental muy relajante. ¿El resultado? Clientas más felices y los dueños de la marca también, porque las ventas aumentaron 300% en el primer mes.

Maximiza tus recursos

En este último bloque vamos a analizar algunos de los errores más comunes que cometen los dueños de algunos negocios; todo para que tú puedas evitarlos, y maximizando los recursos que tienes a tu alcance, te conviertas en un gran emprendedor

Los latinos estamos acostumbrados a trabajar muchas horas porque lo relacionamos como sinónimo de productividad. Sin embargo, la productividad no tiene nada que ver con el esfuerzo sino, con la inteligencia (no me cansaré de repetirlo, el emprendedor debe usar el cerebro antes que cualquier otro órgano).

O lo que es lo mismo: Primero pienso, luego existo.

Y actúa como *"un buen dueño de negocio"*

Por las mañanas me ha tocado caminar por zonas céntricas de algunas ciudades, y por lo general, los negocios están casi solitarios. Lo peor del caso, es que el patrón tiene *"trabajando"* a 3 o 4 jovencitas al mismo tiempo, y lo único que pueden hacer es pararse afuera del negocio viendo la solitaria calle de un lado a otro. Con esa mala planeación no estás actuando como un buen dueño de negocio, y sólo pagas más luz, más agua y más salarios.

Un buen dueño de negocio tiene la visión de maximizar sus recursos disponibles. Si sabe que las ventas son muy bajas de 8am a 11am, entonces la entrada de sus empleados debe ser a las 11am, no antes.

Otro problema muy frecuente, es a la hora de la comida de los empleados. La última navidad que estaba de vacaciones en mi ciudad natal, fui al centro para terminar de hacer las compras navideñas; entré a una tienda de bisutería en la cual había varios clientes, y creí que era porque estaban vendiendo mucho, para mi sorpresa, la causa de que hubiera varios clientes detenidos era porque sólo había una empleada. Éramos como 18 personas queriendo comprar al mismo tiempo y sólo una empleada para atendernos. No me quise quedar con la duda y le pregunté por qué estaba sola, y su respuesta apresurada y con la voz agitada fue: mis compañeras están comiendo.

Un buen dueño de negocio sabe identificar cuál es el tiempo

más apropiado para que los empleados coman, y por ejemplo si sabe que de 1:30pm a 2:15pm, es tiempo muerto, entonces ese debe ser el tiempo de comida, y por supuesto, no pueden comer todos al mismo tiempo; los empleados deben alternarse para ello.

Un buen dueño de negocio también tiene detectada a qué hora de la noche las ventas son muy bajas (casi nulas) y sabe que es tiempo de ir a casa. Richar Branson dice que si cuidas a tus empleados, ellos cuidarán de ti; y no sólo debes pensar en el cliente, también el bienestar de tus empleados debe ser parte de tus prioridades. Siempre será más efectivo que un cliente trabaje 7 horas de alto rendimiento a 11 horas de mediocridad. Los empleados que trabajan mucho suelen ser menos productivos y son más propensos al estrés, lo que se reflejará en la forma en que van a tratar a tus clientes.

Richard Branson dice: Cuida de tus empleados y ellos cuidarán de ti

Un buen dueño de negocio tiene el personal necesario e indispensable para que el negocio funcione al 100% y busca ahorrar en todo lo que sea posible, porque a veces pequeños cambios, pueden traer grandes beneficios. Yo me pregunto, por qué tener 4 vendedores en la tienda, si 3 harían el mismo trabajo. Muchos de los fracasos de los emprendedores se deben a que no saben administrar el tiempo ni el dinero; si tú aprendes a hacerlo, y actúas como un buen dueño de negocio, estarás cada día más cerca del éxito.

Creatividad ante Todo

Sí, tampoco me cansaré de repetirlo.

La mejor forma de ser un buen dueño de negocio es ponerse en los zapatos de tus clientes. Sin duda, todos hemos tenido una mala experiencia en alguna tienda que no quisiéramos volver a vivir, y una de tus tareas como empresario, es evitar que tus clientes sufran dentro de tu tienda.

La mayoría de los dueños de negocios, sólo se preocupan por que salgan los números, pero se olvidan que los números necesitan de clientes para que puedan salir. Preocúpate por tus clientes como si fueran tus amigos, y busca que tengan una buena experiencia desde el momento que ponen un pie dentro de tu tienda.

¿Recuerdas cuando hablamos de la ubicación maestra? Pues aquí tiene otros tips al respecto:

Piensa en Todos

Procura que tu local comercial esté cerca de avenidas transitadas donde no haya problemas de transporte; es decir, que haya una estación de metro o un parabús cercano para que tus clientes puedan llegar a él con relativa facilidad. Y para los que traen coche, no hay nada más molesto que no tener un estacionamiento cercano, yo me he ido de varios restaurantes por no tener un estacionamiento propio, o uno cercano, cuando tuve mi primer negocio, también perdí varios clientes de esta forma, sólo recibía el mensaje diciendo *"lo siento, no encontré estacionamiento y no llegará a la cita"*. Y es muy triste porque los clientes no caen del cielo; así que procura que también exista la posibilidad de estacionarse sin problema.

Que te Agarre el Rojo

Si tienes la suerte de tener tu negocio en una gran avenida, procura que sea lo más cercano al semáforo, ya que las personas suelen mirar a otros lados mientras esperan en un semáforo rojo.

Te sorprendería la cantidad de cosas que la gente descubre cuando tiene un semáforo en rojo adelante que lo obliga a esperar. Y tú, como buen dueño de negocio, debes aprovechar esos segundos y tener un lindo merchandising exterior para que las personas que transitan fuera de tu negocio, lo conozcan.

Más Vale Malo Conocido que Bueno por Conocer

Ten cuidado con las zonas de reciente apertura. Son muchos los emprendedores los que se dejan ir con esta finta; creyendo que es una excelente oportunidad. Y tal vez lo sea, pero si decides inaugurar tu local en un nuevo sitio, te aconsejo que primero realices un estudio local de mercado para cerciorarte que tienes posibilidades de crecer.

A veces habrá factores externos que puedan modificar el rumbo de tu negocio; y para minimizarlas debes estar atento en todo momento a las políticas públicas de tu gobierno. En la Ciudad de México, por ejemplo, se tenía contemplado un proyecto de creación de un nuevo aeropuerto; y muchas personas por esta iniciativa, decidieron adquirir locales comerciales cerca de esta zona. Sin embargo, el proyecto terminó por cancelarse y los que habían adquirido un espacio para abrir un negocio, tuvieron que abandonarlo dejándoles muchas pérdidas.

Un buen dueño de negocio está al tanto de las políticas públicas del gobierno de su entidad

Adiós Plazas

El sueño de todo pequeño empresario, es llegar a colocar su marca dentro de un centro comercial. Y si bien, es una excelente meta; los que inician en el mundo del empresario, tiene que evitarlo.

Los centros comerciales, para el consumidor, son principalmente centros de recreación. Una familia va al centro comercial el fin de semana para que sus hijos se diviertan en las áreas de juegos y a hacer la lista del súper. Una pareja acude al centro comercial para ir al cine. Un grupo de amigos va al centro comercial para comer o tomarse un café. Y si tienes un negocio de este giro es excelente intentar entrar a un centro comercial, pero si no, entonces toma tus precauciones.

Los consumidores de los centros comerciales, conocen las marcas, y van comprar marcas conocidas de ropa o muebles. No es fácil que compren una marca que no les da confianza; por eso, tu meta debe ser crear una reputación fuera de los centros comerciales, no dentro.

A parte, rentar un local comercial dentro de un centro comercial, resulta mucho más caro que en cualquier otra zona de la ciudad, así que evitarlo, también te ahorrará unos cuantos pesos.

Y ya que tengas un negocio exitoso, expándete hasta donde tú quieras.

Evita la Madera

La primera razón es por conciencia ambiental, se ve bonito y huele bien, pero destruyes el planeta. Los negocios del futuro están encaminados a conservar el medio ambiente, y los nuevos consumidores lo están aceptando. Los consumidores de hoy creen que el cuidado del planeta ahora es un tema importante, y ellos simpatizan mucho más con las marcas que apoyan y comparten sus ideologías.

Lo de hoy, es tener un negocio verde. Sé amigable con el ecosistema, recicla y crea una cultura ecológica entre tus empleados y consumidores. Todos nos sentimos muy bien cuando compramos en un lugar que desea hacer un cambio porque nos sentimos parte de ese cambio.

La consciencia ambiental está incrementándose de tal manera que en algunos establecimientos ya no dan bolsas de plástico y en los restaurantes, ya no acompañan las bebidas con popotes.

El otro punto por el que debes evitar la madera es por los gastos tan altos que representa su mantenimiento. La madera necesita cuidados especiales y no son muy económicos, si deseas un ambiente rústico, mejor opta por el camino de lo sintético. Recuerda que un buen dueño de negocio lo que busca es economizar en la medida de lo posible, porque los primeros meses son los más difíciles de todos.

¡Cuidado con el Clima!

Parece tonto pero el clima forma parte del éxito de tu negocio. Yo me pregunto de qué viven las neverías en la temporada de invierno. O por qué se le ocurre inaugurar cafeterías en pleno verano. No sé si ellos no tuvieron la delicadeza de buscar la opinión de un experto, o sólo su ambición fue más grande.

Tu producto (sea ropa, alimento, tecnología, calzado, etc.) debe ser funcional para la temporada en la que lo estés vendiendo. Al consumidor de nada le sirven unas sandalias en invierno, o un helado en temporal de lluvias.

El producto que vendas debe tener la capacidad de transformarse para adaptarse a todos los factores externos. Ya hemos hablado anteriormente de esos *"factores externos"* y puntualizamos que son la legislación de tu país, de tu Estado, o municipio; pero también lo son, los accidentes causados por terceros; y aquellos acontecimientos climáticos que puedan influir en el hábito de compra del consumidor, como el calor, la lluvia, el frío, etc. (Te recomiendo tener un seguro)

En caso de que tu producto no se pueda adaptar, entonces tu arma secreta tiene que ser vender productos secundarios (venta cruzada), por ejemplo, si vendes helados, en temporada de frío puedes vender café o chocolate caliente. El punto es que no debes permitir que tus ingresos bajen hasta el punto que se haga insostenible e inviable seguir con tu negocio.

Y hablando de que los ingresos bajen

Ahora lo que está acabando con muchos establecimientos, es el coronavirus. Esto nos demuestra 2 cosas: la primera, que el mundo no está preparado para una era digital, y segunda, que los dueños de negocio, se dan por vencidos muy rápido. ¿Qué quiero decir con esto? Que en vez de llorar debemos buscar una salida rápida y viable ante las adversidades. Tengo una amiga que es duela de una taquería, lo que hizo fue registrase en aplicaciones de entrega a domicilio, e intentar tener algunas ventas; pero también comenzó a fabricar mascarillas protectoras, y aunque sus ganancias no fueron las mismas durante la contingencia mundial, no se permitió quebrarse y se acopló a la adversidad.

Cuando te sientas perdido, recuerda esta frase: Tú límite es lo que puedes imaginar (no sé si alguien ya la había dicho antes, pero se me acaba de ocurrir).

¡Aguas!

En el temporal de lluvias, las grandes ciudades se vuelven un caos; el tráfico, los accidentes y las enfermedades aumentan, y con ello aumentan las inundaciones en algunas zonas de la ciudad. Si tu negocio se inunda es posible que te deje pérdidas materiales, pero también perderás a muchos clientes.

Revisa periódicamente el techo para evitar goteras, y antes de abrir un negocio, averigua cómo se pone la zona en caso de lluvia.

Economizar y maximizar los recursos que tienes disponibles te dará más posibilidad de subsistir en el mercado por más tiempo. La mayoría de las personas que deciden emprender y tener su propio negocio renuncian dentro del primer año, y todo por no comprender la magnitud de lo que implica tener un negocio, y parte de ese fracaso se lo deben a no saber aprovechar las oportunidades que tienen a su alcance.

RESUMEN DEL CAPÍTULO

1.- El cerebro siempre busca variedad. Y la mejor forma de aprovecharlo es ampliando la gama de los productos y /o servicios que ofreces.

2.- Un lugar que parece inseguro, alejará a tus clientes y a tus sueños de tener grandes ventas.

3.- Antes de tener un local comercial, piensa en:

-Vender aquello que satisfaga las necesidades reales de tus clientes. Ten variedad de productos y servicios.

-Tener una buena ubicación. Que sea segura y en una zona ancla, para que tengas clientes recurrentes y no temporales.

4.- El precio se determina por la suma de la cantidad de tiempo invertido en su elaboración, más la característica de innovación, más la plusvalía del punto de venta (si es que lo hay).

El neuromarketing, cada vez es más utilizado por las empresas. Lo que te debe de quedar claro, es que el término neuromarketing, no es lo mismo que magia, por lo que este tipo de marketing sólo se compone de una serie de estrategias que pueden ayudar a tu negocio, si se usan de manera efectiva.

Las principales estrategias de este tipo de marketing son:

- Marketing visual

- Marketing auditivo

- Marketing sensorial

- Marketing del olfato

- Marketing del gusto

Y no necesariamente, las 5 estrategias, deben estar presentes dentro de tu negocio; por lo que debes elegir aquellas que puedan impactar positivamente a tu negocio.

Maximizando los recursos y no rindiéndote ante las adversidades, es como te convertirás en un BUEN DUEÑO DE NEGOCIO.

ANEXOS

Sí deseas saber mucho más de estos temas, te invito a suscribirte a mi canal *"Aprendiz de Emprendedor"*, allí encontrarás material nuevo cada semana que te ayudará a crecer mucho más como emprendedor.

TERCERA PARTE
Protege tu Emprendimiento

CAPÍTULO 9

Los Mejores Amigos de los Emprendedores

Las leyes y el comercio son primos hermanos y no existe empresario en el mundo que no sea buen amigo de un abogado.

El derecho es importante en varias etapas del proceso empresarial. Por ejemplo, si piensas lanzar un nuevo producto al mercado, tienes que cerciorarte de que su venta o fabricación no sea ilegal o que no estés violando derechos de propiedad industrial o intelectual. Si rentas un local, si requieres de un proveedor o si contratas personal, vas a requerir contratos que te den protección jurídica a ti. En fin, mucho en la actividad del empresario está relacionado con el mundo legal.

Al inicio de mi carrera, trabaje por 6 años en el área corporativa, así que lo que veremos en este capítulo es parte de la experiencia que he adquirido y que estoy encantado de compartir contigo.

Y si bien, me enfocaré en la legislación mexicana para explicar este apartado, eso no quiere decir que no te pueda orientar si vives en algún otro país, que los sistemas legales son muy parecidos, y tal vez varíen en los nombres, pero la esencia es la misma.

¿Rentar o comprar?

En el capítulo anterior hablamos de los locales comerciales, pero no tratamos un punto importante: lo vas a comprar o lo vas a rentar.

Rentar o comprar un local comercial, es un punto neutro para los pequeños empresarios, y nadie te puede decir si es bueno o malo, ya que ambas pueden ser buenas o muy malas opciones. Lo que hará que se incline la balanza para un lado o para el otro, serán tus ventas, y esas sólo se determinarán hasta que ya estés trabajando, por lo que quita el miedo de tu cerebro a cualquiera de las 2 opciones y sé consciente que <u>la elección de rentar o comprar sólo debe ser determinado por la capacidad económica que tengas al momento de emprender.</u>

Empecemos hablando de comprar un local comercial. Y el primer paso es averiguar si el lugar tiene licencia como comercio, y de ser así, qué tipo de licencia tiene.

La licencia es el *"permiso"* que te otorga el ayuntamiento o el gobierno municipal para que puedas realizar actividades comerciales. Ese permiso debe describir perfectamente tu actividad comercial, por ejemplo, si tienes un bar, requieres un permiso especial para que puedas vender bebidas alcohólicas.

Si el local no tiene ningún tipo de permiso, o no tiene el adecuado para tu giro comercial, tendrás que acudir a las oficinas municipales de la zona donde se encuentra el local para tramitarlo o hacer los cambios pertinentes.

Cuando vivía en la ciudad de Guadalajara me llegó un caso de una mujer que había sido estafada a la hora de comprar un local comercial. Resulta que el inmueble que le vendieron no estaba a la venta, ni mucho menos la persona que se lo vendió era el dueño. La señora ya tenía vendiendo en el local por casi 2 años cuando llegó el dueño legítimo a reclamar su propiedad, la única solución que tuvo esta señora, fue iniciar un largo y costoso juicio en contra de la persona que se lo vendió para intentar recuperar el dinero invertido en la compra.

Para que esto no te pase puedes acudir a la oficina del Registro Público de la Propiedad, llenar una solicitud para pedir <u>antecedentes registrales</u>, pagar los derechos correspondientes y esperar a que te den respuesta. En este desglose, te enterarás si la persona que te quiere vender el inmueble, verdaderamente es el propietario, y además podrás saber cómo lo adquirió y de quiénes eran los anteriores propietarios (si los hubiera.

Así como hay gente muy buena, también existe gente muy mala y mañosa (y te las encontrarás muy seguido en este mundo de los negocios), que intenta vender propiedades que se encuentran en litigio o que se encuentran gravadas. Para saber si un local que deseas comprar no está dentro de algún conflicto legal, puedes pedir la búsqueda <u>de libertad de gravámenes</u>. De igual manera haces la solicitud en la oficina de catastro, pagas los derechos y en la respuesta sabrás si el bien inmueble que te quieren vender, está embargado, si está hipotecado, etc.

Ambos trámites también te ayudarán a tener la certeza que el local que te quieren vender es el que está inscrito legalmente y si las medidas corresponden con las de la escritura.

¡No confíes demasiado en la gente!

¿Qué pasa cuando has comprado un local?

Las leyes de compra-venta de casi todos los países latinos, determinan que una propiedad inmueble, se tiene que registrar ante el Registro Público obligatoriamente. Esto quiere decir en palabras más comunes, que el nombre del actual dueño, debe constar en escritura pública.

Durante el proceso de compra-venta, te recomiendo acudir a un notario público, él dará más certeza al acto jurídico, y en caso de ir a algún juicio, tendrás más posibilidad de salir victorioso. El cambio de propietario implica gastos extras, y que no son muy económicos, pero hay posibilidad de que dichos gastos sean divididos entre las partes contratantes, pero eso debe pactarse en una cláusula del contrato de compra-venta, en caso de no ser así, la ley señala que los gastos totales corren a cargo del comprador.

Finalmente, antes de firmar un contrato de compra-venta, asegúrate que contenga por lo menos, los siguientes datos:

1.- Datos Generales.

Es la parte inicial del contrato, y debe contener el lugar y fecha donde se celebra el contrato; el nombre del contrato del que se trata; y nombre, edad, domicilio, y nacionalidad de las partes.

2.- Materia de Contratación.

Es decir, las características de lo que se desea comprar y vender. Por ejemplo, en caso de ser un local comercial, debe venir descrita su ubicación y las características en las que se encuentra.

3.- Precio y Forma de Pago.

No puede existir un contrato de compra-venta si no hay precio a pagar. Siempre te recomiendo que la cantidad también esté expresada con letras para evitar confusiones, por ejemplo: $50.000 00/100 mx (Cincuenta mil pesos mexicanos con cero centavos)

Los términos de pago también son importantes que se señalen, con y cantidades fechas exactas.

4.- Consentimiento de las Partes.

Al final del contrato debe contener el nombre y la rúbrica de las partes, con esto se entiende que las partes aceptas todas las condiciones del contrato.

Si compras un local comercial tienes la posibilidad de volver a venderlo o rentarlo en caso de que las cosas no te funcionen como esperabas, por lo que el riesgo de pérdida económica es medio. Además de que si el local es tuyo, tienes la libertad de hacer con él lo que se te plazca y no tienes que estar limitado a un contrato de arrendamiento comercial.

Si tienes alguna duda sobre estos temas legales, y vives en México, con gusto mi equipo puede darte asesoría gratuita, sólo envíame un email a *legal@pluzo.com.mx* y agrega en el asunto LIBRO APRENDIZ DE EMPRENDEDOR.

Lo Bueno de las Rentas

Rentar un local puede resultar buena opción para negocios de reciente creación o cuando se cuenta con un presupuesto limitado.

El valor de la renta de un bien inmueble es directamente proporcional a la plusvalía de la zona en la que se encuentre. Lo que te recomiendo antes de rentar un local, es que por lo menos tengas un ahorro para cubrir la renta de los primeros 4 meses. Eso para que alivianes un poco la presión que vas a tener en cuanto a gastos, pagos y demás egresos.

La ley en México señala que todos los contratos de bienes inmuebles deben de durar por lo menos 1 año, lo que quiere decir que por lo menos 1 año vas a estar obligado a cumplir las obligaciones del contrato. El contrato de arrendamiento comercial debe contener, al menos:

1.- Datos Generales.

Todos los contratos deben de contener los datos generales que anteriormente mencionamos, y son: lugar y fecha donde se celebra el contrato; el nombre del contrato del que se trata; y nombre, edad, domicilio, y nacionalidad de las partes.

2.- Duración y Monto de la Renta.

Ya hablamos que un contrato (legalmente) debe durar por lo menos un año, sin embargo, en la práctica se utiliza poco. Como las personas hacen sus propios contratos, los elaboran por términos de 6 meses, 3 meses, 1 mes; o como a ellos se les ocurra. Sin embargo, lo que te recomiendo es que no firmes contratos con duraciones mayores a 1 año, y que tu arrendador te dé recibo por cada renta pagada en tiempo y forma.

3.- Reparaciones y Modificaciones.

La ley señala que no podrás hacer ningún tipo de mejora o modificación al inmueble, sino antes, obtener la autorización del arrendador. Así que antes de cambiar el local a tu gusto, debes preguntarle, y de ser preciso, que quede por escrito en un convenio anexo. Es obligación de tu arrendatario pagar las reparaciones necesarias que necesite el local.

4.- Sanciones por Incumplimiento.

Quizá este es el tema más delicado de los contratos, ya que hay arrendatarios que quieren cobrar intereses o cuotas excesivas por incumplimiento, por lo que debes ser muy cuidadoso a la hora de firmar y aceptar un contrato. Y si bien, a lo hora de ir a juicio, la mayoría de las cláusulas abusivas no prosperan, eso no quiere decir que te vas a salvar por haber incumplido un contrato.

 Ten cuidado a la hora de firmar un contrato frente a un notario público. Esta es una *"estrategia sucia"* que usamos los abogados para proteger a nuestros clientes arrendadores y que provocan un gran perjuicio al arrendatario. Por lo que si una cláusula te perjudica en demasía, lo mejor es evitar firmar un contrato así.

5.- Consentimiento.

Es decir, la firma de aceptación de los contratantes.

 Lee muy bien *"letras chiquitas"* antes de firmar cualquier contrato. El cerebro ante la felicidad y emoción, reduce los riesgos potenciales de sus actos, por lo que nunca está de más acudir a un abogado antes de firmar cualquier documento.

En conclusión, rentar un local comercial siempre será la mejor opción para emprendedores con poca experiencia en los negocios o con poco presupuesto.

Obligaciones fiscales

Los impuestos son los principales dolores de cabeza de los pequeños empresarios. Las PYMES pagan poco más del 20% de sus ingresos en impuestos por motivo de su actividad comercial.

Las empresas más poderosas del planeta, pagan un promedio del 17% en impuestos. Esta discrepancia se debe principalmente a que los emprendedores no le dan la importancia debida a su asesoría fiscal, y por lo tanto viven en la ignorancia. La mayoría de las personas cree que la condonación de impuestos y las deducciones fiscales son lo mismo y que sólo es posible para las empresas grandes y poderosas, pero no pueden estar más equivocados.

¿Cuál es la diferencia entre deducción y condonación fiscal? En palabras simples es lo siguiente: la condonación de impuestos es *"perdonar"* un adeudo, mientras que la deducción fiscal es *"reducir"* un adeudo. Si tú ti PYME está debidamente registrada en Hacienda, puedes acceder a la deducción fiscal y pagar menos impuestos.

Con pequeñas acciones (que además son cotidianas), puedes disminuir tu cara tributaria, lo que traería un alivio a tu bolsa.

En México son deducibles de impuestos:

-Gastos Médicos

-Gastos Funerarios

-Donaciones

-Colegiaturas

-Aportaciones Complementarias

-Primas de Seguros

-Transporte Escolar

-Intereses Reales de Créditos Hipotecarios

-Cuentas para el Ahorro

Y basta con que pidas factura para que, a la hora de hacer tu declaración anual, puedas deducirlas.

Al principio, no te recomiendo que te des de alta como persona física con actividad empresarial o como persona moral, porque las ventas serán pocas y no sabes si soportarás la presión de tener un negocio propio, pero en cuanto empieces a crecer como emprendedor, lo tienes que hacer obligatoriamente. La Secretaria de Hacienda es peor que la Fiscalía Federal cuando de meter a prisión se trata, así que no juegues con esas cosas y es mejor tener todo en orden.

Propiedad industrial e intelectual

Estar registrado en la Secretaría de Hacienda como persona moral, o física con actividad empresarial, no quiere decir que tenemos la protección legal de nuestra marca o nuestras invenciones.

De acuerdo a mi experiencia, los problemas con derechos de propiedad industrial o intelectual de las PYMES, no surgen con otras PYMES, surgen con entre sus mismos socios. Primero me gustaría dejar en claro que la propiedad industrial son todas las invenciones, signos distintivos y modelos industriales que integran a una empresa; mientras que la propiedad intelectual son todas las creaciones artísticas y literarias.

Una vez que dejamos en claro este punto, continuemos con lo que te decía, los problemas más comunes que surgen entre los derechos intelectuales e industriales son entre los socios. Pocos emprendedores le dan importancia a este aspecto, pero lo que no alcanzan a dimensionar, es que las personas se vuelven fieles a una marca, es decir, a un diseño gráfico, y es por eso que la propiedad intelectual e industrial también forma parte del patrimonio de una empresa.

Lo que yo te recomiendo, es que es que eches a volar tu creatividad y procures ser el principal creativo de tu empresa. Así que busca ser el dueño de tus derechos industriales e intelectuales y que regístralos lo antes posible. Una de las personas más valiosas de una PYME, es la persona creativa, y siempre debes procurar ser tú esa persona. Recuerda que a una empresa no sólo la componen el capital y las personas, sino también cosas intangibles como la marca, los diseños, etc., etc.

Una de las personas más valiosas de una PYME, es la persona creativa, y siempre debes procurar ser tú esa persona.

Contrata empleados capaces

La mayoría de los problemas legales que surgen entre empresas y empleados, se podrían haber evitado si desde el inicio hubieran tenido un buen contrato laboral y sobre todo, si hubieran tenido una buena selección de personal.

Este apartado se dividirá en 2 secciones, la primera que tiene que ver con la parte legal de la contratación, y la segunda que estará a cargo de una gran amiga mía llamada Alejandra Sedano, quien es trabajadora social, y ha dedicado toda su carrera al reclutamiento y contratación de personal para otras empresas. No es buena para escribir, así que en una charla telefónica yo me di la tarea de entrevistarla y plasmar sus consejos leerán un poco más adelante.

Pero empecemos con la parte legal. Los contratos laborales te ayudarán a prever futuros conflictos legales que puedan surgir entre tus empleados y tú.

Hace poco, mi amigo Iván Gutiérrez que es el dueño de una empresa de mensajería en la ciudad de Guadalajara, me marcó muy preocupado porque uno de sus empleados había causado severos daños al inmueble con un montacargas. Lo peor de todo, es que el empleado que conducía el montacargas, también sufrió lesiones, aunque no de gravedad.

Viaje hasta Guadalajara al otro día temprano (que para mí siempre es un gusto viajar a mi ciudad natal porque aprovecho para estar con mi familia). Al llegar a la empresa de mi amigo Iván, descubrí que el trabajador que causó los daños no tenía permitido maniobrar un montacargas, es más, ni siquiera estaba designado en el área de almacén. Al cuestionar el supervisor los porqués, confesó que él había autorizado al trabajador para que condujera el montacargas sin tener la experiencia necesaria y sin estar designado al área del almacén.

Le pedí a Iván que me mostrara los contratos laborales de los 2 empleados (el del supervisor y el del empleado causó el daño, que en ese momento se encontraba en el hospital) y después de estudiarlos. le expliqué al supervisor por qué lo estaba despidiendo y que aparte tenía que reparar el muró destruido. Resulta que los empleados infringieron de gravedad las cláusulas establecidos en sus respectivos contratos laborales, constituyendo así, el despido justificado sin responsabilidad para el patrón.

Por su parte el supervisor, no debió permitir que un empleado sin experiencia y que no estaba contratado para trabajar en el área de almacén condujera un vehículo para cargas pesadas. Mientras que el empleado realizó funciones para las cuales no fue contrato y su falta de pericia causaran daños materiales a la empresa, por lo que ambos pusieron negligentemente en riesgo parte de la estructura medular de la empresa y vidas humanas. Negocié con el supervisor para persuadirlo que firmara su renuncia voluntaria o de lo contrario iniciaría un proceso judicial en su contra por daños y negligencia que pusieron en riesgo vidas humanas.

Por supuesto que aceptó su renuncia voluntaria. Esta misma situación se la expuse al empleado que causó el accidente, por fortuna sus lesiones no fueron de gravedad así que tampoco tuvo más remedio que aceptar mi trato.

El supervisor y el empleado tenían 5 y 1 año en la empresa respectivamente, así que le salió más barato a mi amigo, reparar una pared que iniciar un proceso civil para pedir la reparación del daño, más un proceso laboral que seguramente iniciarían los empleados por despido. Al final, si mi amigo perdía el juicio, hubiera tenido que pagar un aproximado de 50 mil pesos ($2 500 dólares aproximadamente) más los gastos de honorarios del abogado. Pero no pasó nada de eso gracias a que sus empleados tenían un contrato laboral vigente y bien redactado (que yo había hecho por supuesto).

Un buen contrato laboral, hecho por un abogado, no te cuesta más de $3000 pesos (aproximadamente %150 dólares), y creo que es una pequeña inversión que al final vale mucho la pena.

Vigila que tu contrato laboral contengo por lo menos:

1.- Nombre, nacionalidad, edad, sexo, estado civil, domicilio del trabajador y del patrón;

2.- Duración de la relación laboral;

3.- Descripción del servicio a prestar;

4.- Duración de la jornada laboral;

5.- Lugar donde se ha de prestar el trabajo;

6.- Día, lugar, monto y forma del pago.

No olvides que tiene que ir firmado por el trabajador y el patrón.

¿Cómo Contratar al Personal Adecuado?

Las empresas se hacen grandes, gracias a que tienen un personal cualificado y calificado trabajando para ellos. Los empleados deben entender las metas de la empresa y tu trabajo como patrón es hacer que se enamoren de lo que hacen y de tu marca. A continuación, una gran amiga de toda la vida, Alejandra Sedano, que se ha dedicado toda su vida a la selección de personal para distintas empresas, te da una serie de consejos:

1.- Sólo Contrata a Personas que Tengan Ganas de Trabajar.

—Toda la gente quiere trabajar, pero es muy poca la gente que en realidad lo hace.

— ¿Por qué no resultan ser buenos empleados? (Le pregunté a Ale)

—Porque en realidad la gente desea las cosas fáciles. Pero por desgracia, cuando estamos en el proceso de selección me dicen que están en la mejor disposición y me juran que son empleados modelo. Y a la hora de trabajar las cosas cambian. Si se van para un puesto de seguridad privada, no quieren estar de pie todo el día así que renuncian después de su primera quincena, si van a una empresa de producción, no saben hacer equipo y terminan discutiendo con todo mundo, y por lo mucho, duran un mes en el puesto.

Un gran consejo, es que les preguntes por sus obligaciones, si tiene, te dará más certeza de que conservará su trabajo, de lo contrario, abandonará a la menor provocación. Cuando hablo de obligaciones me refiero a su familia y a sus deudas. Cuando uno tiene una familia que mantener, cuidar su trabajo resulta la mayor prioridad, y ni hablar si tiene deudas por pagar. Si no está casado, pregúntale al candidato(a) si vive solo(a), eso también te hablará de su responsabilidad y compromiso; si es muy joven y vive en casa de sus padres, pregúntale cuál es su rol dentro de casa. Los millennials son muy desertores y no tienen problema alguno en dejar su trabajo de la noche a la mañana, porque no tienen responsabilidades en casa.

—Entonces, mientras más obligaciones tenga, más posibilidad de ser un buen empleado tendrá

—Sí. Pero toda regla tiene una excepción, así que es mejor complementar esta información con los siguientes puntos que diré.

2.- Pregúntale por sus Metas.

—Me da mucha tristeza cuando estoy entrevistando a un candidato(a) y al preguntarle de sus metas no sabe qué responderme. El propósito de contratar personal debe ser que tu empresa mejore, y si una persona no tiene ni siquiera una meta en su vida, mucho menos hará algo por cumplir las tuyas.

Si una persona no tiene metas, se traduce en que no tiene pasiones y es conformista. Cuando estés contratando y te hablen de sus metas, muéstrate interesado en ello y trata de aportar algo que le ayude.

—En conclusión, si no tiene metas propias, difícilmente va a cumplir las metas de otros, ¿cierto?

—Tienes la idea.

3.- Si no Sabe Trabajar en Equipo, No Puede trabajar en una Empresa.

—Las empresas se organizan en grupos de trabajo y juntos crean el éxito, si un grupo de trabajo falla, el éxito tarda en llegar.

Los equipos o grupos de trabajo, deben caminar al mismo ritmo y pensar en la misma frecuencia. Si un integrante, no lo hace, provocará caos entre todos.

Las siguientes cuestiones las he desarrollado junto con Héctor porque tiene más conocimiento en los negocios que yo, y te sugiero que en tus entrevistas siempre preguntes:

-**¿Con qué tipo de personas te sueles llevar mejor?** Si su respuesta va encaminada a lo relajado o tranquilo, lo más probable es que no le guste trabajar en equipo.

- **¿Estarías dispuesto(a) a quedarte tiempo extra para terminar metas grupales?** Por lo regular dirá que sí, pero añade **¿y sin pago extra?** Aquí es donde todos titubean, y su respuesta te ayudará a comprender su responsabilidad al equipo.

-**¿Qué harías si uno de tus compañeros no puede realizar por sí solo una actividad?** Después de escuchar su respuesta con atención, **¿y si ese compañero hizo que te regañara tu supervisor el día anterior?** Aquí muchos antepondrán lo personal a lo laboral.

- **¿Abrirías un sobre que contiene la fecha de tu muerte?** Su respuesta te dirá el grado de fatalismo que hay en su cabeza y sabrás a grandes rasgos la actitud que tiene hacia la vida

- Cometer un delito para alimentar a un niño hambriento, **¿está mal, o**

es necesario? Esta respuesta hablará de su moral y de lo que la familia representa para el entrevistado.

4.- Antepón la Actitud a los Títulos.

—A la mayoría de las empresas les importa más el currículo y la experiencia que una buena actitud y disponibilidad del candidato(a). Y por eso contratan a personas muy capacitadas para el trabajo pero muy problemáticas con sus compañeros.

La experiencia la adquiere cualquiera por medio de la práctica, pero las actitudes pesimistas, ególatras y envidiosas no se corrigen tan fácilmente.

Tus empleados siempre deben estar dispuestos a seguir aprendiendo; los sabelotodo no le harán bien a tu empresa, pregúntales cosas que te hagan saber si ven el vaso medio vacío o medio lleno.

También podías aplicar el test del color, que si bien no es una ciencia certera, puede darte una idea concreta de lo que pasa por la mente de las personas.

Recuerda que no es lo mismo ser inteligente que saber hacer las cosas; y los títulos no te garantizan que sean unos grandes expertos.

—Yo siempre sigo ese punto.

5.- Deja que el candidato (a) hable.

—Permite que hable de sí mismo preguntándole ¿qué me puedes decir de ti, para contratarte en este momento?

También pregúntale que es lo que más le gusta de él/ella para que des cuenta si valora más lo intelectual o lo físico. Cuestiona sobre su libro favorito, su serie televisiva que nunca se pierde y la música que le guste bailar. Si lee mucho es probable que sea creativo; si ve más televisión significa que prefiere aprender visualmente y mientras más le guste bailar en público quiere decir que es más extrovertido.

Mientras más hable, más disponibilidad tiene a querer trabajar para ti.

6.- Tiene que Aportar Valor a tu Empresa.

—Este es mi último consejo, pero tal vez el más vital de todos. Alguien que realmente quiere trabajar en tu empresa, está dispuesto a aportar algo para que tu empresa sea mejor cada día. Pregúntale:

- **¿Qué sabe de nosotros?** Si la respuesta es nada, o no mucho, lo más probable es que no tenga interés posterior por tu empresa.

- **¿Qué buscas en este trabajo?** Si la respuesta tiene tintes más económicos, es obvio que no le interesa tanto crecer dentro de tu empresa.

- **¿Qué vas a aportar a mi empresa?** Si la respuesta es buena o mala, sólo dependerá de ti y de los objetivos de tu empresa.

Espero que te sean de ayuda estos tips para tu próxima selección de personal; la flexibilidad y formalidad de las entrevistas, depende de tu ramo empresarial, y sólo tú decides si le das mucha o poca importancia a la seriedad y a la vestimenta de etiqueta.

Me encantó compartir esta pequeña sección contigo. Gracias.

Espero que toda la experiencia de Alejandra te sea de ayuda; pero quisiera agregar algo más que también te puede ser muy útil.

El lenguaje corporal es la forma en que el cerebro se expresa sin palabras. Estamos en una sociedad donde tienes que domar al cerebro para que diga sólo cosas buenas y correctas, y tal vez seamos capaces de sofisticar nuestra habla, pero no así con el lenguaje corporal.

El lenguaje corporal no miente. Y es capaz de revelar al verdadero ser que llevas dentro. A continuación, te compartiré algunos tips que he aprendido dando conferencias, pero que también los puedes aplicar a la hora de entrevistar a alguien.

¿Qué Dice El Rostro?

Sigue la regla 70-30: si estás en una entrevista y la persona se tapa la boca o los oídos, significa que ya no quiere ponerte atención, o lo que es lo mismo, ya lo aburriste. En las entrevistas está bien que hables un poco de ti para que la situación se relaje, pero es primordial que en el 70% de la conversación sea la otra persona (el candidato) quien hable.

El 30% tú, el 70% el candidato.

La Nariz Revela a los Mentirosos. Si durante la respuesta a una pregunta, el candidato(a) se toca la nariz, significa que está mintiendo. Me da mucha risa cuando veo los programas televisivos en los que prometen curarte de todo mal con cosas mágicas, y los presentadores no dejan de tocarse la nariz o zonas cercanas a ella todo el tiempo.

Barbilla Adelante. Si durante tus preguntas, el entrevistado(a) tiene la cabeza ligeramente hacia atrás y la barbilla apuntando al frente, significa que le está incomodando lo que le dices. Además de que es poco paciente, agresivo y le gusta el poder.

Mejor aléjate y cuéntaselo a quien más confianza le tengas.

Los Ojos. La mirada del candidato(a) siempre debe estar dirigida a ti; los pestañeos seguidos, las miradas hacia los lados y que se frote los ojos con frecuencia, es signo de que está buscando salir corriendo de la entrevista.

Y este punto, no necesariamente es algo malo del candidato, tal vez hable de ti, y de lo rudo que eres para contratar personal.

El Cuerpo

No es Comodidad. La mayoría de las personas que cruza los brazos dice que lo hace por comodidad, sin embargo, la realidad es que es la forma en que el cerebro está tratando de bloquear información que llega a él.

Cuando una persona está molesta, es común que se cruce de brazos, esto es porque está rechazando o está en desacuerdo con lo que está pasando en el exterior.

En el cerebro hay una parte denominada el área broca, esta es la responsable de la articulación del lenguaje verbal, pero se ha comprobado que también coordina el movimiento de las manos, y es por eso que cuando hablamos solemos acompañarlos con movimientos de las manos.

Es bien tip que estés atento a las señas de los aspirantes, por ejemplo, si durante la entrevista, el candidato(a) tiene las palmas abiertas, significa sinceridad y honestidad a lo que está diciendo; por el contrario, los puños cerrados envían un mensaje de engaño. Si tiene los dedos entrelazados denota ansiedad y una actitud negativa.

El jugueteo con los dedos, habla de nerviosismo o ansiedad, y si notas esto podrías hacer algo para aminorar la tensión de la entrevista.

Y Finalmente... La sonrisa biológicamente está hecha para crear vínculos y apaciguar situaciones incómodas, por lo que te recomiendo que sonrías a lo largo de toda la entrevista, para que la otra persona se sienta más en confianza y no esté a la defensiva.

Espero que con estos tips que te hemos dado en este apartado, tu próximo empleado traiga más éxito a tu emprendimiento.

Y yo, ¿A quién le compro?

Todos pertenecemos a una cadena de consumo sin importar a lo que te dediques, no porque seas empresario y vendas productos o servicios, significa que estás exento de ser parte de los compradores.

Para que vendas a buenos precios, necesitas comprar y distribuir a buenos precios, por lo que en este último tema del capítulo hablaremos de los proveedores.

Los proveedores son todos aquellos intermediarios necesarios para que tu producto o servicio llegue hasta el consumidor. Y pueden desde lo que te vendan la materia prima, hasta los que te proporcionen el servicio de internet.

Busca Calidad Antes que Precio

Lo primero es identificar si le vas a comprar a un fabricante, a un distribuidor (mayorista que revende a minoristas), a un independiente (artesanos, micro fabricantes, etc.) o a un importador. Todos tienen precios distintos, por ejemplo, el fabricante suele ser el más barato, pero por lo general sólo vende en grandes cantidades. Los independientes hacen los mejores productos, pero no son muy económicos. La mejor forma de decidir es haber determinado primero a quién le vas a vender y en qué cantidad lo vas a hacer. Lo mejor al empezar, es comprar a distribuidores porque puedes adquirir productos en menores cantidades y a buenos precios.

Pon mucho interés en la calidad de los productos que compres, aunque te cueste un poco más, los clientes siempre esperan que su producto los haga feliz, y uno de mala calidad no lo hará. Yo tengo la mala suerte de tener un buen paladar, y cuando voy a un restaurante me es muy fácil identificar si los productos que usan para preparar sus platillos son de mala calidad, y de ser así, no regreso jamás. Es preferible para tu negocio pagar unos cuantos pesos más por mejores productos que perder a una persona que se puede convertir en un cliente regular.

Busca Referencias

Cuando encuentres un proveedor que logre convencerte, es hora de investigar. Pregúntale por sus clientes y trata de comunicarte con ellos. Una vez que te comuniques son sus clientes, pregúntales si suele ser puntual y responsable en sus entregas y averigua si han tenido algún problema con el proveedor, y de ser así, cómo lo resolvieron.

Es mejor tomarte la molestia de llamar a 2 o 3 de sus clientes que después estar sufriendo porque tu mercancía no llega a tiempo, o no llega la correcta. Tú también cuentas con clientes que tienes que hacer felices, y la elección de un mal proveedor de tu parte, va a mermar su satisfacción.

Papelito Habla

No importa que tu proveedor sea el compadre de tu mejor amigo o esposo de tu prima favorita, siempre debes de tener todas las operaciones mercantiles que realice tu empresa por escrito, y eso incluye un contrato firmado con tu proveedor donde establezcan todos sus derechos y obligaciones recíprocos.

Nunca me cansaré de decirte que tu empresa necesita un respaldo legal en todo momento.

Y finalmente

Para ser emprendedor, requieres muchas cosas, no sólo las ganas de querer serlo, y en este mundo va a triunfar quien esté más preparado para sobresalir del resto, y quien tenga más inteligencia para superar al fracaso.

RESUMEN DEL CAPÍTULO

1.- Hazte buen amigo de una bogado.

2.- Cualquier transacción comercial o civil que realices para tu negocio (o vida personal) asúrate de hacerlo con el respaldo de la ley; eso te ahorrará futuros problemas y dolores de cabeza.

3.- Mantente al día con tus obligaciones fiscales, y sácale provecho a la legislación tributaria de tu país, deduciendo todos los impuestos que puedas.

4.- Antes de contratar a algún empleado, asegúrate que conozca a tu negocio, que comparta tus objetivos, y sobre todo, que esté dispuesto a crecer contigo.

ANEXOS

Ahora ya lo sabes, <u>los contratos son muy importantes</u>, si deseas descargar los formatos 100% editables de los contratos que vimos en este capítulo, visita el siguiente link:

https://pluzo.com.mx/recursos/

¡GRACIAS!

Gracias por leer este material. Te deseo mucho éxito en todo tu camino, y espero que la próxima empresa de reconocimiento mundial, sea fundada por ti.

-Héctor Morán

ACERCA DEL AUTOR

Emprendedor digital, destacado creador de contenido y siendo uno de los escritores con mayor auge en estos momentos, Héctor Morán lanza este, su primer libro para emprendedores, y cuyo principal objetivo es que sea un material de apoyo para todos aquellos que tienen el sueño de hacer de este mundo un lugar mejor.

 /hectormoranCIO

 @_ hectormoran

 @_ hectormoran

BONUS LESSON

El Emprendedor Exitoso

"Cuando naciste lloraste y el mundo se llenó de gozo, vive tu vida de tal manera que cuando mueras el mundo llore y tú te llenes de gozo"

-Proverbio chino.

No nos podíamos despedir sin antes aprender una última enseñanza, y no porque sea la última quiere decir que sea menos importante, es más, en mi opinión es la más importante de todas.

¿Crees en el amor?

Nunca existirá un emprendedor líder que no sepa amar. Dicen que hay 2 cosas que no se pueden ocultar: el dinero y el amor; y es muy cierto. Si irradias amor, las otras personas son capaces de detectar esa frecuencia y todos querrán estar cerca de ti. El amor trae más amor, y con él viene una lluvia de cosas buenas y extraordinarias.

El amor Existe

No entiendo porque la gran mayoría de las personas asocian el amor con el sentimiento que se tienen No entiendo porque la gran mayoría de las personas asocian el amor con el sentimiento que se tienen hacia una pareja, y cuando ésta les rompe el corazón, van por el mundo divulgando que el amor no existe. Al final creen tanto en sus palabras que terminan por ser personas solitarias; se pierden en el camino y se apagan.

¡Pero el amor es más que eso!

El amor es despertar todos los días y ver salir el sol; sentir su calor inundando tu piel. El amor es poner tus pies descalzos en el suelo y sentir su frialdad; el amor es tomar una ducha y sentir el agua caliente penetrando por cada poro de tu cuerpo. El amor es mirarte al espejo y sonreírte porque eres maravilloso y bello; sí tú lo eres, siempre lo has sido. El amor es poder hablar con tu madre sólo por el placer de saber cómo se encuentra. El amor es saborear de tu platillo favorito, sin culpa y sin castigo. El amor es ver una película de terror y saltar de tu asiento. El amor es reír de ti mismo, y hacerlo seguido. El amor es el café que tomas cada mañana. El amor es la casa que te protege de la lluvia y del frio. El amor es ese mensaje diario que recibes de una persona especial.

Pero también el amor es llorar cuando tu hijo, tu padre, tu amigo está enfermo. El amor es sentir la desesperación y el sufrimiento del otro. El amor es respetar las diferencias ideológicas, de género, de credo o sexuales de las personas. El amor también es compadecer a quien te hiere; el amor es perdonar al otro para que tú seas libre. El amor es regalar una moneda que te sobra a alguien que la necesita más que tú. El amor es la gratitud eterna por quien te ayudó en situaciones difíciles. El amor es el cansancio después de un largo día de trabajo.

El amor también se hace...

Sí, hacer el amor es respetar a tu pareja, protegerla y ayudarla a crecer, recordarle porque lo o la elegiste cada día. El amor es práctica, no teoría (aunque eso haya sonado como canción de Arjona).

El amor es dolor, sacrificio, preocupación, regaños, restricciones, y no sólo mariposas en el estómago. El amor eres tú; el amor es un todo. Amar es un estilo de vida, no un sentimiento. Así que la próxima vez que digas que el amor no existe, mejor pregúntate: ¿por qué no soy capaz de amarme a mí mismo? En vez de culpar al mundo exterior.

Ámate y agradece por cada cosa que compone tu vida, por más pequeña que esta sea; créeme que hay millones de personas en el mundo que no pueden tomar ni un vaso de agua potable. Ámate tanto que contamines todo aquello que tocas de amor.

Ilumina a Otros con tu Brillo

Empecé este capítulo con mi frase favorita porque creo que tus actos en vida deben ser tan grandes como para que tu brillo siga extendiéndose por varias generaciones después de que tú ya no estés más en este plano.

Yo escribo no por la fama o por la fortuna, escribo porque me gustar leer comentarios de personas diciendo que les he dejado algo de mí; que algo que dije, que algo que hice los hizo salir a luchar por sus sueños.

Siempre deja a las personas mejor de como las encontraste. Consuela al corazón triste. Regala sonrisas a las almas solitarias. Con el hilo de tu aliento remienda sueños rotos. Alza la voz ante las injusticias. Comparte tu conocimiento, pero no intentes cambiar a nadie. Un gran maestro hace 2000 mil años dijo: predica con el ejemplo no con la palabra.

En una conversación, siempre mira a los ojos, porque no sabes cuándo será la última vez que puedas ver a esa persona. Guarda secretos ajenos como si fueran tuyos. Canta. Baila. Sé protector de los débiles. Ten compasión del necesitado. Vive con locura, pero razona como adulto. Besa al éxito y abraza al fracaso.

Lo que Bien se Aprende no se Olvida

Ahora tienes todo lo que necesitas saber para no ser otra víctima del fracaso. El éxito ahora sólo depende de ti. El emprendedor exitoso no es aquel que vive sin fracaso, es el que aprende de él y es capaz de no repetir los mismos errores. El líder exitoso es aquel que vive en el amor y tiene la habilidad de transmitirlo a otros.

Y recuerda que…

No abandones tu sueño demasiado rápido. No te sientas derrotado a la primera caída; levántate y corrige lo que hiciste mal.

El fracasado tira la toalla en el primer round cuando ve que su oponente es más fuerte, rápido y grande que él.

El fracasado no insiste, no lucha por lo que ama, ni tampoco se sacrifica por sus sueños.

Y tú no eres un fracasado.

**Gracias por leer este libro y que Dios te bendiga
como si fueras su hijo favorito.**